... y su corazón escapó para convertirse en pájaro.

EDNA ITURRALDE

Ilustraciones: Santiago González

ALFAGUARA JUVENIL

RELATOS SOBRE EL PUEBLO NEGRO

©2001, Edna Iturralde
© De esta edición:
    2005, Grupo Santillana S.A.
    Av. Eloy Alfaro N33-347 y Av. 6 de Diciembre
    Teléfonos: 244 6656 - 244 5258
    Quito-Ecuador
    E-mail: comunicaciones@santillana.com.ec

    Todos los Santos 103 y Víctor Emilio Estrada
    Tel.: 288 0875 - 288 0862
    Guayaquil-Ecuador

Alfaguara es un sello editorial de Grupo Santillana.
Estas son sus sedes:
Argentina, Bolivia, Brasil, Chile, Colombia, Costa Rica, Ecuador, El Salvador,
España, Estados Unidos, Guatemala, México, Panamá, Paraguay, Perú,
Puerto Rico, República Dominicana, Uruguay y Venezuela.

Primera edición en Alfaguara Ecuador: julio 2001
Sexta edición en Alfaguara Ecuador: mayo 2006

Portada: Sobre un cuadro «El Mago» de la pintora ecuatoriana
Francesca Rota Loiseau. Email: rotaf@altavista.net

Ilustraciones: Santiago González

ISBN: 9978-07-331-0
Derechos de autor: 015338
Depósito legal: 001862

Impreso en Ecuador
Imprenta La Unión

ÍNDICE

Para el pueblo negro del Ecuador
con amor

Edna Iturralde

Agradecimientos

A Juan García Salazar, el Bambero Mayor,
por su gran sabiduría y su generosidad en
compartirla conmigo.

A doña Aída Delgado, Catherine Chalá,
Alexandra Ocles Padilla, Inés Morales Lastra,
Amada Cortés, Alquímedes González,
Guillermo Corozo, Agustina Corozo Castillo,
Julián Corozo, Hermógenes Arroyo, Edita
Corozo Caicedo, Neura Arroyo Corozo, Gloria
Ayoví, Segunda Castillo Quintero, Ramona
Caicedo Corozo, Jairo Ayoví Arroyo, Freddy
Ayoví Arroyo, Narzo Perea, Óscar Méndez,
Juanita Ogonaga, Luzmila Calderón Plaza,
Inés Folleco Lara, Armando Meneses, Marjory
Chalá, Enrique Salazar.

A las comunidades de La Concepción, Pusir,
Tumbatu, Chalguayacu, Carpuela, Chota y
Ambuquí, y a los moradores de Playa de Oro
(especialmente a los niños y niñas), y a todas
aquellas personas que conversaron conmigo en
Esmeraldas, San Lorenzo, Borbón y Atacames.

...lloramos juntos recordando el pasado.
Lloramos juntos viendo el presente,
y decidimos que esperaríamos juntos al futuro
con una sonrisa lista en nuestros labios.

---

* BAMBERO es un personaje mágico que habita en los bosques, y que ordena y controla el uso de los recursos naturales. El Bambero actual es un título honorífico que recibe la persona que mantiene la tradición en el ámbito rural de las comunidades negras, controlando los mandatos ancestrales.

Aunque al momento no existen estadísticas oficiales que permitan determinar el número exacto de afroecuatorianos en el país, se calcula que el porcentaje de estos compatriotas oscila entre el 4 y el 9 por ciento de la población total.

Tradicionalmente el pueblo negro ecuatoriano ha vivido en su mayoría en el Valle del Chota y la cuenca del río Mira, en la provincia de Imbabura, y en la provincia de Esmeraldas. También están presentes en las provincias del Guayas, El Oro, Pichincha y Sucumbíos, y en menor cantidad en el resto de provincias del país.

El viaje

Los rayos del sol caían como cuchilladas sobre la cubierta anunciando otro día de calor insoportable, mientras un viento vacilante empujaba lentamente al velero sobre las aguas del Atlántico, avergonzado por la carga que llevaba.

Se abrió la compuerta de las bodegas y hombres, mujeres y niños treparon por una escalera de soga y subieron a la cubierta. Eran africanos, de distintos pueblos y reinos del occidente de África, capturados para ser vendidos en el Nuevo Continente.

Los prisioneros caminaban con dificultad, cubriéndose el rostro para protegerse del sol que lastimaba sus ojos. Se les permitía salir a la cubierta una vez por semana, para realizar ejercicios, y solo durante esos momentos les quitaban los grilletes y las cadenas que los aprisionaban.

Varios marineros fuertemente armados los situaron en filas, separados en grupos de mujeres y hombres.

–Ayee, ayee, ayee. –Una voz entonó el triste canto y como si fuera una señal los demás hicieron coro.

–Ayee, ayee, ayeee...

África quedaba a tres semanas, en el pasado.
África...

–Ayee, ayee, ayeee... –El sonido fue alzándose
hasta convertirse en un grito de rebeldía que
descendió cuando los guardias los amenazaron
para que callaran.

Bolamba Mbemba se dispuso a saltar para
hacer los ejercicios mientras cantaba su tristeza. Tenía once años y era parte de los cua-
trocientos ochenta prisioneros de a bordo.
Bolamba había sido capturado junto a toda su
familia en el reino del Congo, pero los separaron al llegar a la fortaleza de Elmira, uno
de los temidos lugares donde mantenían a los
africanos capturados hasta enviarlos a su triste
destino.

El niño nunca olvidaría aquella noche cuando
los cazadores de esclavos habían penetrado
en su aldea, quemado las viviendas y apresado
a todos los habitantes. Bueno, a todos no, a los
viejos no. Bolamba se preguntó qué sería de
su abuela y le vino a la memoria su voz cuando
le contaba cuentos:

"Escucha bien, hijo de mi hija, escucha lo que
voy a contarte, para que tú también cuentes
a tus hijos y a los hijos de sus hijos: Kalunga es
el nombre de las aguas eternas que separan

13

los dos mundos: el mundo ordinario en que vivimos que se llama Ntoto y la tierra de los muertos que se llama Mputu".

Ahora, Bolamba estaba seguro de que donde él se hallaba no era otra cosa que las aguas de Kalunga que lo llevaban sin remedio hacia la muerte. ¿Qué otra cosa podía ser la oscuridad ardiente y hedionda del vientre del barco, las cadenas que apresaban su cuerpo, los llantos y los lamentos de dolor?

Bolamba se detuvo cansado y se arrimó a la borda del barco. Se situó cuidadosamente detrás de dos africanos altos, para que los marineros no notaran que había dejado de hacer los ejercicios y miró hacia el mar. Las aguas verdes corrían en dirección contraria a la popa del barco, dejando una estela de espuma blanca. Bolamba se limpió el sudor del rostro con sus manos, y las secó en el pedazo de lona que llevaba envuelto en la cintura sostenido por una soga. Suspiró, el mar podía tragarlos en cualquier momento. En eso, algo le llamó la atención: una mancha gris y brillante sobresalía en el agua, muy cerca del barco. ¡Era un delfín!

El delfín se sumergió y le hizo señas con la cola.

El niño se paró en puntillas para verlo mejor, pero en ese momento les ordenaron regresar a su cautiverio.

Bolamba descendió nuevamente a la bodega, se dirigió a su puesto y se sentó en el suelo. Un marinero se agachó para encadenarlo nuevamente. Bolamba cerró los ojos con temor porque no quería mirar tan de cerca el rostro pálido. ¿Acaso él no había escuchado que todos los blancos eran salvajes caníbales? Varios viajeros, que pasaban por su aldea, lo habían asegurado, y ahora que él veía cómo actuaban, estaba seguro. El guardia encadenó los tobillos del niño a los tobillos de sus compañeros de ambos lados, como medida de precaución para que los cautivos no escaparan. Bolamba se encontraba entre un adolescente rebelde que se negaba a comer y un hombre maduro, de la edad de su padre. Al niño le hubiera gustado conversar con ellos, pero era imposible porque, como venían de distintas regiones, no hablaban el mismo idioma.

La compuerta se cerró sumiendo al lugar en tinieblas. Bolamba bostezó y se acomodó lo mejor que pudo. Tenía suerte de ser aún pequeño, porque por lo menos podía cambiar un poco de posición en el mínimo espacio asignado, pero no era el caso de sus vecinos que debían sentarse con la cabeza doblada sobre el pecho y las piernas encogidas.

Bolamba pensó en lo que había sucedido esa mañana. ¡Un delfín lo había saludado con la cola! En realidad, ahora estaba más seguro que nunca que se hallaba camino a la muerte

16

y que el delfín, por ser un espíritu maternal que ayuda a los niños, lo estaba acompañando en el difícil trance de cambiar de mundos.

Las horas pasaban lentamente como de costumbre, se encontraba medio dormido, cuando escuchó una voz que lo llamaba: una voz que se parecía mucho a la voz de su abuela...

–¡Bolamba Mbemba!, ¡Bolamba Mbemba...! ¡Bolambaaa! Escúchame... –la voz se mezclaba con el sonido de las olas que pasaban bajo el barco. Bolamba regresó a ver a sus compañeros de cada lado, por si reaccionaban al escuchar la voz, pero los dos hombres estaban dormidos.

–¡Te escucho! Sí, sí. ¡Te escucho! ¿Quién eres? ¡Háblame! –exclamó Bolamba en voz alta.

Los demás en la bodega lo mandaron a callar en varios idiomas africanos, incluyendo sus dos vecinos.

Bolamba no se atrevió a decir nada más. Seguramente se había quedado dormido y la voz era parte de un sueño.

La voz insistió: –Bolambaaaa... estoy aquí. Junto a ti, pero del otro lado del barco, en el mar. No tienes que hablar conmigo con tu voz humana, te entiendo si hablas con tu pensamiento.

Bolamba se cubrió el rostro con sus manos y cerró los ojos para concentrarse.

–Abuela... ¿eres tú? –preguntó, sin mover los labios.

–Sí, íííí, –respondió la voz, dejando un pequeño eco dentro de su cabeza.

–¿Estás en Mputu, la Tierra de los Muertos? –preguntó con miedo Bolamba.

–Sí, Bolamba. Estoy en Mputu. No quise quedarme sola en la aldea.

–¿Eso quiere decir que yo también estoy camino de Mputu? –se asustó Bolamba.

–No, tú estás camino a tierras lejanas.

–Abuela, tengo miedo a la muerte...

–Bolamba, tú eres africano, recuerda que para nosotros la vida y la muerte son círculos que se encuentran, que empiezan y terminan para empezar otra vez... y es así cómo vamos del mundo de los vivos, al mundo de nuestros antepasados, al mundo de los que no han nacido aún, y regresamos al mundo de los vivos otra vez.

–Abuela... ¿qué será de mí?

–Vas a aprender a sobrevivir, ¡y lo harás como un héroe! Tú y todos tus compañeros de esa

Diáspora, en la cual nuestro pueblo ha sido arrancado de nuestra tierra y dispersado por el mundo. Todos seran héroes y heroínas, porque sabrán sobrevivir a este Viaje Amargo del Dolor.

–¿Pero... ¿tú crees que yo podré hacerlo, abuela?

– Sí, Bolamba, sí, pero, ¡escúchame! ¡Escucha la voz de África! ¡Los espíritus hablan a través de mí! Escucha este mensaje y guarda la sabiduría de tu pueblo en lo más profundo de tu corazón...

Bolamba sintió que el movimiento cadencioso del barco lo mecía y una enorme tranquilidad lo invadió.

"Cuentan los valientes Basuto* que hace mucho tiempo en la Tierra habitaba un monstruo llamado Kamapa. Este monstruo, que había sido creado por la intolerancia y el egoísmo, se alimentaba de gente y, poco a poco, se comió casi a todos los seres humanos. A todos, menos a una mujer que se quedó sola sobre la Tierra. Un día se dio cuenta de que estaba esperando un bebé y poco después le nació un niño, con la piel tan negra y her-

---

* Mitología de los Basuto, un grupo étnico muy grande y variado de África Occidental.

mosa, que brillaba con los reflejos del sol. La mujer le puso de nombre Litulone, en honor a uno de sus dioses. Litulone creció en horas y ya para el día siguiente de nacido, tenía la estatura y la fuerza de un adolescente. –Madre, ¿dónde está la otra gente? –preguntó el chico a su madre. Y cuando ella le contestó que todos habían sido devorados por el monstruo Kamapa, Litulone tuvo tanta indignación que ese mismo momento decidió ir a matar al monstruo. La madre, asustada, trató de disuadirlo, pero Litulone insistió. Armado de una lanza y un cuchillo se dirigió hacia el lugar donde tenía Kamapa su guarida. El monstruo dormía panza arriba. Litulone se acercó, pero al ver que nunca iba a poder vencerlo en una lucha cuerpo a cuerpo por la desigualdad de fuerzas, se dejó tragar por él. Una vez dentro de las entrañas de Kamapa, Litulone sacó su lanza y su cuchillo y mató al monstruo rajándolo en dos partes, liberando así a toda la humanidad que se encontraba dentro. A partir de ese momento, Litulone fue honrado por todos como un héroe, lo que causó envidia entre algunos hombres, quienes planearon matarlo. Una noche estaban sentados alrededor de una hoguera tramando la muerte de Litulone, cuando se dieron cuenta de que el mismo Litulone estaba sentado entre ellos escuchando tranquilamente. –Ahora que sabes que te vamos a matar, toma tu lanza y defiéndete, –le dijeron, pero Litulone mantuvo su lanza en el suelo y les respondió: –Ustedes son mis hermanos y no quiero hacerles daño. Al escuchar esto, uno de los hombres tomó una lanza y la clavó en el pecho de Litulone. Litulone cerró los ojos en agonía, pero su pecho se abrió… y su corazón escapó para convertirse en pájaro, en pájaro, en pájaro…" –La voz de la abuela aleteó en el espacio.

Bolamba se despertó justo en ese momento. ¿Qué mensaje había querido transmitirle su abuela con la historia de Litulone? Se tocó el pecho tratando de sentir los latidos de su corazón. No tenía miedo. Sentía que él, al igual que el héroe de la historia, había crecido y madurado en horas. Ahora sabía, y con certeza, que ese mismo monstruo se lo había tragado a él y a su gente. Bolamba apretó sus dientes con rabia y, olvidándose de las cadenas que lo aprisionaban, trató de ponerse de pie, pero no pudo. Lanzó un quejido de impotencia y tiró con iras de las cadenas. Sus vecinos lo miraron sorprendidos. Bolamba volvió a tirar de las cadenas, y pronto todos siguieron su ejemplo, en medio de gritos de rebeldía.

Horas más tarde, Bolamba aún trataba de comprender lo que su abuela le había querido decir. Con su cuerpo encadenado se sentía impotente para vencer al monstruo de la mezquindad humana… Pero… si él no podía ahora… ¡entonces lo harían sus descendientes que aún estaban en el mundo de los que esperan nacer! Bolamba comprendió todo: ¡era por eso que tenía que sobrevivir! ¡Ese era el mensaje de su abuela!

Y en ese instante, Bolamba Mbemba sintió que su corazón escapaba y volaba hacia el infinito.

Entre 1450 y 1850, por lo menos 12 millones de africanos fueron raptados y vendidos como esclavos. La mayoría fueron embarcados, desde África a través del Atlántico, en el Viaje Amargo del Dolor, hacia las colonias europeas de Norte, Centro y Sur América, y las Antillas. A esto se lo conoce como Diáspora, cuando los africanos fueron separados y dispersados. A pesar de esta forzada separación, los africanos esclavizados y sus descendientes llevaron con ellos mucho de su cultura, especialmente en la música y en las tradiciones orales, que han enriquecido a otras culturas en todo el mundo.

La señal

Lisembé relajó su mano derecha, humedeció con saliva sus dedos y se frotó suavemente la muñeca. Luego, con cuidado, fue resbalando el grillete que lo tenía aprisionado a la cadena. Había perdido tanto peso que le era fácil quitarse y ponerse el pesado hierro cuando deseaba. Lisembé era el niño más pequeño de a bordo de la fragata Albión, nave que comerciaba esclavos.

El niño caminó sigilosamente, con cuidado de no despertar a sus compañeros de infortunio que dormían en el piso. A esas horas la bodega del barco estaba silenciosa, aunque de vez en cuando se escuchaban los gritos de desesperación de los que soñaban que eran libres en su tierra, en África, y al despertarse se veían encadenados a una aterradora realidad. Hacía mucho calor en la bodega, y el olor a excremento y orina era insoportable.

Lisembé se subió sobre unos barriles que transportaban agua, y empujó con toda su fuerza la puerta de una de las escotillas. Sintió cómo el viento entraba por el pequeño agujero y respiró profundamente. Ese día hubo una tormenta, ya no llovía y el cielo estaba completamente despejado. El niño miró ansiosamente

al cielo que estaba cubierto de estrellas, buscando una constelación. Buscó detenidamente entre todas. ¡Ah, allí estaba! Las cuatro estrellas que formaban una cruz, y que le recordaba la cruz africana del *Yowa*. Entonces Lisembé sonrió aliviado.

Sus pensamientos fueron interrumpidos por un silbido suave que venía del lugar donde se hallaba encadenado su amigo Kashi. Lisembé se bajó rápidamente, haciendo rodar uno de los barriles.

–Lisembé, ¡no hagas ruido! ¡Van a oírte los guardias! –Le advirtió Kashi.

–¡Kashi, las estrellas todavía forman el *Yowa*!, –dijo emocionado el niño– y nos sigue.

–¡Sigue ahí! –susurró Kashi, un joven africano que se encontraba encadenado de pie, como castigo por haberse querido rebelar contra un guardia.

–¿No estás cansado? –preguntó el niño acercándose al joven–. Ya llevas de pie muchas noches.

–No me importa, me he acostumbrado. Mira, ya sé cómo dormir colgándome de esta manera… –y le demostró al niño cómo lo hacía.

Lisembé sentía admiración por el joven Kashi. No lo había conocido antes, aunque también pertenecía al pueblo de los Ambudu, de Angola, igual que él.

Kashi era un rebelde, como todos los cautivos que formaban el cargamento de la fragata Albión. Ni el látigo ni los castigos habían logrado doblegar el espíritu de estos africanos que, al ver la constelación de la Cruz del Sur en el firmamento, recordaban la cruz del *Yowa*, símbolo africano de la unión y de la fuerza, y solo estaban esperando el momento propicio para sublevarse, apoderarse del barco y regresar al África.

–Dime, Lisembé, ¿han cambiado la posición de las estrellas en el *Yowa*? –Preguntó Kashi.

–No, están igual que otras noches, aunque ahora me parecen más brillantes.

–Bien. Siento que el momento se acerca. Recuerda que tú debes observar cuidadosamente cualquier cambio, y avisarme para decidir cuándo actuar.

Lisembé lo sabía y era por eso que todas las noches buscaba en el cielo la constelación y, en seguida, se lo reportaba a su amigo. El *Yowa* se había convertido en la razón de vivir para los africanos esclavizados en aquel barco, en su esperanza.

–Lisembé, recuerda que el Yowa, la cruz africana, es el viaje del espíritu –dijo el joven–. El Este es el comienzo, el nacimiento. El Norte, la madurez, la responsabilidad. El Oeste, la transformación, la muerte. Sosteniendo todo, está el Sur, la existencia en otro mundo, y el renacer. Y al centro, el universo, el supremo punto de la Creación, el Kuro o yo divino. Quiero que lo repitas conmigo, Lisembé, para que nunca te olvides. ¡Para que nunca olvides tus raíces! –Kashi hablaba con vehemencia, mirando a Lisembé intensamente a los ojos–. Un ser humano es como un árbol: así como un árbol no puede vivir si no tiene raíces, un ser humano no puede vivir sin su historia.

El niño repitió el significado de la cruz africana y los dos se quedaron en silencio.

–Kashi, ¿quieres que te cuente otra vez la historia de Sudika-Mbambi? –Sugirió tímidamente Lisembé, para complacer a su amigo y probarle que sí se acordaba de sus tradiciones.

Kashi hizo un sonido de aprobación, y el niño se irguió sobre sus piernas separadas para poder resistir el movimiento del barco, y empezó a contarle al oído para no despertar a los demás.

"Sudika-Mbambi nació seguido por su hermano Kabundungulu. Apenas nacieron los dos hermanos ya podían caminar y hablar. Sudika-Mbambi le pidió a su hermano que lo acompañara para cortar caña y poder construir una casa nueva para sus padres. Cuando los hermanos terminaron de construirla,

Sudika-Mbambi anunció a sus padres que se iba a recorrer el mundo y a hacer el bien, mientras que su hermano Kabundungulu se quedaba para acompañarlos y ayudarlos, pero que dejaba sembrado un árbol en el huerto, su kilembe, es decir, la representación de su vida; así, si el árbol se veía enfermo, él estaría enfermo, y si el árbol moría era porque él había muerto también".

"Sudika-Mbambi salió de su casa y en un punto del camino, vio a una vieja junto a una joven. La vieja lo detuvo sin dejarlo continuar. —Si quieres seguir tu camino, debes pelear primero conmigo, —dijo la vieja con voz ronca y fea—. Si ganas la pelea, te puedes casar con esta joven que es mi nieta. Sudika-Mbambi peleó con la vieja y le ganó, pero justo en ese momento la joven desapareció y una voz se escuchó que decía: —Yo soy el Señor de la Muerte, si quieres casarte con mi hija, debes traerme un jarro de pimienta y un jarro de sabiduría. Sudika-Mbambi fue a buscar pimienta y llenó un jarro, y en cuanto a la sabiduría, sabía que la tenía dentro de él heredada de su pueblo, así que se presentó ante el Señor de la Muerte sin ningún miedo. Mientras esto sucedía, en su casa, su kilembe, el árbol que sembró, se empezó a secar y sus hojas se tornaron amarillentas. Al ver esto, su hermano, Kabundungulu, decidió ir a ayudarle. Mientras tanto, Sudika-Mbambi se enfrentó al Señor

de la Muerte, pero éste lo engañó, y de un golpe lo destruyó. Cuando llegó Kabundungulu, Sudika-Mbambi había muerto. Kabundungulu se arrodilló a su lado y acercando su boca al oído de Sudika-Mbambi, le susurró: (y en este punto del relato, Lisembé susurró intensamente). –Hermano, vuelve a la vida que estoy a tu lado. Sudika-Mbambi volvió a la vida, se casó con la hija del Señor de la Muerte, y junto con su hermano se alejaron de ese lugar, pero como no se pusieron de acuerdo hacia dónde ir, se separaron y cada uno se fue por rumbos separados. Es por eso que cuando viene una tormenta, el trueno que se escucha desde el Este es Sudika-Mbambi que se fue hacia allá; y el eco que responde por el Oeste, es Kabundungulu, su hermano menor que jamás lo olvida".

Lisembé se quedó callado, pensando y preguntó: –¿Crees que es verdad que si dos hermanos se quieren y el uno se muere, el otro puede volverlo a la vida?

Kashi meditó por un instante y luego dijo con seguridad: –A esta vida no, Lisembé, pero estando a su lado puede ayudarlo a que vuelva a otra vida, en el viaje del espíritu… libre otra vez… porque a veces pienso que es preferible morir a estar esclavizado.

Pasaron los días y el ambiente se puso más violento. Los planes se hacían durante la noche, con la ayuda de Lisembé quien pasaba los recados entre la gente de su pueblo. Algunos africanos estaban armados con cuchillos que habían fabricado de los aros de metal que sostenían los barriles.

Una noche cuando Lisembé miraba al cielo, se fijó que una estrella pequeña había aparecido entre la estrella de la punta y la del lado derecho del *Yowa*. Se apresuró a contarle a Kashi. Al saber esto, el joven lo interpretó como una señal; seguramente la nueva estrella representaba al *Kuro*, el yo divido, la esencia misma de un ser humano que jamás podía ser esclavizada.

–Consigue uno de esos cuchillos y tráelo acá –ordenó Kashi a Lisembé.

El niño regresó en pocos minutos con un cuchillo. Introdujo la punta dentro de uno de los grilletes y giró cuidadosamente. Trataron durante algún tiempo, hasta que el grillete, que aprisionaba el brazo derecho de Kashi, cedió. Kashi terminó de soltarse de sus cadenas y luego ayudó a otros africanos. Todos pedían que los liberaran, pero como eran cientos, no era posible hacerlo en tan corto tiempo. Ya, para cuando la luz se filtraba por las rendijas del barco, unos cuarenta estaban libres de sus cadenas y otros veinte se irían liberando durante la mañana.

–Lisembé, tienes que cuidarte, apenas comienze la rebelión, tú debes esconderte detrás de los barriles y esperar a que yo venga a buscarte. ¿Me entiendes?

El niño no respondió porque él tenía sus propios planes, pero no quiso contradecir a su amigo.

El día transcurrió tenso en la bodega. Los cautivos habían decidido esperar a la hora en que les traían la comida para llevar a cabo la revuelta. Poco después del mediodía, unos guardias bajaron. Los africanos dejaron que los guardias entraran. Un grupo los desarmó mientras los demás, liderados por Kashi, se dirigieron hacia la cubierta.

Lisembé esperó a que todos salieran de la bodega para él también subir hacia la cubierta. Quería ayudar a sus compañeros y temía por la vida de Kashi. La lucha no duró mucho. Los africanos no tenían nada más que sus manos y algunos, los rudimentarios cuchillos que habían construido, contra las espadas y armas de fuego de sus captores que los rodearon. Al verse atrapados, varios africanos rompieron el círculo y se lanzaron a las agitadas aguas del mar desapareciendo instantáneamente.

Lisembé no veía a Kashi por ningún lado. Aprovechando la confusión, lo buscó. Lo encontró herido, acostado entre los cañones de la popa.

El niño se arrodilló junto a él sacudiéndole el hombro.

–¡Kashi, Kashi!

–Cuidado, Lisembé... escóndete hasta que todo pase. –Kashi hablaba con dificultad, con los ojos cerrados.

–¡No!, –gritó Lisembé– ¡no voy a abandonarte!

Kashi abrió los ojos y trató de decir algo, pero no pudo.

Lisembé se quedó mirando a su amigo. Habían sido compañeros de viaje durante esas semanas y era el único ser que había tomado el lugar de su familia.

El niño pensó que, como en la historia de los dos hermanos, Kashi había partido en el viaje del espíritu, hacia el Este, y Lisembé tenía que continuar solo su viaje hacia el Oeste.

Lisembé se agachó y acercó su rostro al rostro de Kashi.

–Hermano, vuelve a la vida... –le susurró en un oído–. Vuelve a la vida que estoy a tu lado.

Kashi abrió los ojos lentamente, con gran esfuerzo. ¡Qué facil sería dejar que su espíritu

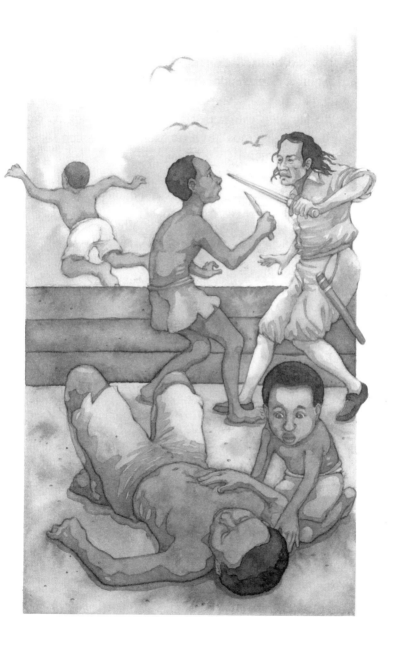

se marchara! Pero sentía que parte de ser rebelde no era dejarse morir, sino continuar viviendo. Buscó con su mano la mano de Lisembé y apretándola entre la suya dijo:

—Yo también estoy a tu lado, hermano, junto a ti. Juntos iremos al Oeste, donde se escucha el eco del trueno.

Los africanos, que eran llevados como esclavos en la fragata Albión, se rebelaron contra sus opresores utilizando cuchillos de construcción casera. Veintiocho africanos murieron en la revuelta y treinta se lanzaron al mar al ver que no lograron su objetivo.

Cientos de motines o revueltas sucedieron a bordo de los barcos que transportaban africanos esclavizados, pero solo cincuenta y cinco de ellas fueron oficialmente registradas, porque a los tratantes de esclavos no les convenía que esto se supiera.

Semillas de calabazo

Sé quién baila entre las nubes
disfrazado de rayo...
quién convierte a los relámpagos en lanzas...
y a los truenos en tambores de guerra.
Es Shangó, el dios del Trueno,
que viene a vengar a su pueblo esclavizado.

Mis opresores lo saben y tienen miedo, por eso se esconden bajo techo esperando que pase la tormenta. Pero yo no tengo miedo porque vengo del reino de Oyo, el reino donde se rinde tributo a Shangó.

Me llamo Aboyami y soy princesa. Mi pueblo es el Yoruba*. Fui capturada junto a mi madre y la vi morir, pero vive en mí porque para nosotros cada madre está dentro de su hija, y cada hija dentro de su madre. Mi padre es un príncipe poderoso, señor de un Estado, dueño de grandes tierras.

La tormenta continúa. La lluvia cae sobre nosotros, mientras esperamos ser vendidos como esclavos. Miro a mi alrededor y encuentro pobres y feas a las casas frente al puerto. En mi ciudad las puertas y ventanas de cada casa tienen tallados que cuentan la historia de mi pueblo.

La puerta de mi casa es de madera gruesa y relata cuando el dios Obatala creó al mundo. También tenemos muchos otros dioses y diosas. Cuando nací, mi madre me encomendó a la diosa Oya, Mujer Búfalo, la diosa cazadora. Y es ella quien vino conmigo a esta tierra y no me dejó morir durante la larga travesía sobre las aguas.

Recuerdo a mi madre y puedo escuchar su voz como si estuviera conmigo:

–Aboyami, ven, –dice mi madre mientras me llama para sentarme a su lado bajo el árbol de acacias que crece junto a mi casa–. Ven, quiero escuchar de tus labios la historia de la diosa Oya, cuando se convierte en Mujer Búfalo.

Mi madre es la esposa principal de mi padre –quien tiene tres porque así lo permiten nuestras leyes– y vivimos en la casa más cercana a la de él. Es de noche y todos mis hermanos están dormidos. Akono y Kosoco son mayores que yo; Babatunde y Bankole, menores.

–Esta noche Mujer Búfalo ha salido de cacería, –dice mi madre, señalando en el cielo a una luna creciente, como los cuernos de un búfalo.

Nos miramos y sonreímos, felices de compartir estos momentos.

–Madre, tú sabes contar esta historia mejor que yo, –digo sin mucha convicción porque quiero que me insista.

Ella me toma de una mano, guiña sus ojos y me hace sentar a su lado.

Es su manera de decir 'habla'.

Yo me acomodo junto a ella y empiezo la historia:

"Hace mucho tiempo, Jefe de Cazadores salió una noche a cazar en el monte. Hizo una plataforma en un árbol y se sentó a esperar que apareciera un búfalo. Esperó toda la noche sin haber visto uno. Ya al amanecer, con los primeros rayos del sol, vio acercarse a un búfalo rojo; sabía por su color que era una hembra. El búfalo hembra miró a un lado y al otro, con cuidado, y luego siguió caminando majestuosamente. Jefe de Cazadores se aprestaba a tirar su lanza, cuando vio que el búfalo se detenía y empezaba a quitarse su piel; primero sacó los brazos, luego las piernas, el pecho, la espalda y al final la cabeza, quedando en su lugar una hermosísima mujer.

–Aaaaah, oooooh, –exclama mi madre como siempre lo hace en este momento de la historia.

–Aaaaah, oooooh, –exclamo yo también.

Jefe de Cazadores vio sorprendido cómo el búfalo hembra envolvía su piel en un bulto, lo escondía entre la maleza y, luego mirando otra vez con cautela a un lado y al otro, se marchaba con dirección al pueblo. Jefe de Cazadores se bajó del árbol, buscó el bulto con la piel del búfalo y se lo llevó. Llegó a su casa y lo escondió dentro de una canasta. Más tarde, Jefe de Cazadores se fue al mercado para comprar tres puñados de semillas de irú, las semillas del árbol de acacia. Llegó al puesto de venta y, para su enorme sorpresa, encontró que quién atendía era Mujer Búfalo, la que había visto esa madrugada. Entonces, Jefe de Cazadores urdió un plan y dijo: –Necesito comprar tres puñados de semillas de irú, pero como me he olvidado mi dinero en la casa, espero que no te importe pasar a cobrarlo más tarde. –Mujer Búfalo aceptó, y esa noche pasó por la casa de Jefe de Cazadores.

–Tú, tú, tú. ¿Dónde se encuentra el que esta mañana me compró semillas de irú? –preguntó Mujer Búfalo desde la puerta.

Jefe de Cazadores salió a recibir a Mujer Búfalo y la invitó a entrar a su casa a comer pastelitos de yuca y a beber vino. Cuando la Mujer Búfalo estuvo lista para marcharse, Jefe de Cazadores le entregó el dinero.

–Toma tu dinero, –le dijo sonriendo– pero te advierto que tengo algo más que te pertenece.

Como Mujer Búfalo no sabía a qué se refería Jefe de Cazadores, se alzó de hombros sin darle mucha importancia al comentario y regresó al monte para buscar su piel de búfalo porque ya estaba oscureciendo, y ella era búfalo en la noche y mujer en el día.

Al llegar al lugar donde había escondido la piel, no pudo encontrarla, entonces recordó lo que Jefe de Cazadores le había dicho al despedirse, y supo que él se había llevado su piel. Indignada, regresó donde Jefe de Cazadores a reclamar su piel. Jefe de Cazadores le prometió devolvérsela si aceptaba ser su esposa, porque se había enamorado de ella. Al principio Mujer Búfalo solo se rió.

–¡Yo soy la diosa Oya! –exclamó y su cuerpo resplandeció con un brillo rojo intenso–. Y... ¡tú eres solo un mortal!

–Pero... ¡yo te amo! Cásate conmigo... –imploró Jefe de Cazadores.

Mujer Búfalo meditó por un momento, y admitió que ella también se había enamorado de él, así que aceptó ser su esposa. Pero le dijo:

–Estas son mis condiciones, hombre: debes tratarme con el respeto que merezco por ser mujer y también por ser diosa, y jamás debes contar a nadie que soy Oya, Mujer Búfalo.

Si no cumples con esto, me iré de tu lado y jamás me volverás a ver –y alzando sus brazos, exclamó a los cuatro vientos:

> *¡Yo soy Oya, la diosa de los Vientos,*
> *Mujer Búfalo, la Cazadora!*
> *la que se interpone entre la vida*
> *y la muerte,*
> *la valiente, que sujeta a los búfalos*
> *por los cuernos,*
> *la que lucha contra la mentira*
> *con la verdad en la mano,*
> *la que llora lágrimas de semilla*
> *de calabazo.*

–Aaaaah, oooooh, –exclama mi madre como siempre lo hace en este momento de la historia.
–Aaaaah, oooooh, –exclamo yo también.

Jefe de Cazadores aceptó gustoso las condiciones de Mujer Búfalo y se casaron al día siguiente en una esplendorosa ceremonia, donde todos los cazadores de la región fueron invitados.

Luego de algunos años, Mujer Búfalo le había dado cuatro hijos a Jefe de Cazadores. Ella era mujer durante el día y búfalo durante la noche, lo que causaba problemas puesto que la gente empezó a murmurar de ella, y a preguntarse que dónde pasaba la noche. Un día, luego de la cosecha de fréjoles rojos, vecinos y parientes se acercaron donde Jefe de Cazadores y le preguntaron quién era y de dónde venía su mujer, ya que parecía que no tenía familia alguna. Además, se burlaron porque ella no se quedaba por las noches en casa.

–Mi mujer es Mujer Búfalo, por eso pasa las noches en el monte, –respondió Jefe de Cazadores, quien había tomado demasiado vino para celebrar la cosecha y olvidó su promesa de jamás contar quién era verdaderamente su esposa.

Al escuchar esto, todos trataron de atrapar a Mujer Búfalo atándola con cuerdas, pero se transformó en búfalo y escapó. Esa noche regresó a su casa sigilosamente para ver a sus hijos. Cuando ellos vieron un búfalo junto a la casa, se asustaron mucho.

–No teman, hijitos –les pidió Mujer Búfalo con voz tierna.

–No nos llames hijos porque tú no eres nuestra madre. ¡Tú eres un búfalo! –exclamaron retrocediendo.

–Yo soy su madre –insistió Mujer Búfalo– y he venido a despedirme y decirles que siempre los cuidaré– les entregó un pedazo de su cuerno.

–Cuando me necesiten, soplen este cuerno y yo vendré a ayudarlos.

Luego, Mujer Búfalo fue donde su esposo.

–Me tengo que marchar porque tú no cumpliste tu palabra, –lo amonestó; y dándose media vuelta se fue al monte.

Mientras se alejaba con su corazón lleno de tristeza, lágrimas enormes caían de sus ojos sobre la tierra. Cada lágrima era una semilla de calabazo que al caer en la tierra se convertía en una planta. Así fue como Mujer Búfalo dejó a sus hijos los calabazos en recuerdo suyo".

–Aiiii, aiiii, aiiiii, –suspira mi madre, como siempre lo hace al final de esta historia.

–Aiiii, aiii, aiiii, –suspiro yo como siempre lo hago al final de esta historia.

Deseo sentir que los brazos de mi madre me abrazan, pero abrazo al viento. Mi madre no está… estoy entre extraños.

Los dedos de mis pies hurgan la tierra mojada y bajo la cabeza para mirarlos, pero la levanto porque soy valiente y no estoy sola: llevo semillas de calabazo escondidas en mi cabello.

*Oya, Mujer Búfalo
camina a mi lado.
Llora al verme esclavizada.
Sus lágrimas son semillas de calabazo
que darán fruto en esta tierra.*

*Yoruba es una nacionalidad de la parte suroccidental de África que fue traida al Ecuador, Colombia y otras partes del continente. La gran mayoría de yorubas fueron llevados a Cuba y Brasil, donde aún mantienen algunos de sus antiguos ritos religiosos.

Las cuatro conchas

Los africanos esclavizados entraban al Virreinato de Nueva Granada por dos puertos: Cartagena en Colombia y Portobelo en Panamá. Los que entraban por Panamá debían caminar todo el istmo para llegar al Pacífico. Entonces, eran vendidos a través de empresas comerciales para que trabajaran en plantaciones de caña de azúcar y algodón, y en las minas de oro. El mercado de esclavos fue aprobado por la iglesia y los reyes que querían favorecer a los europeos: españoles, ingleses, portugueses, franceses y holandeses que tenían colonias en este continente.

Los barcos, que salían de Portobelo, pasaban por dos cabos importantes en las costas ecuatorianas: el Cabo de Manglares y el Cabo de San Francisco, al sur de Esmeraldas. Esta era conocida como una costa peligrosa, llena de arrecifes, con una fuerte corriente marina. Muchos barcos se hundieron durante esta trayectoria; barcos que llevaban africanos y que lograron escapar en las costas de Esmeraldas ya en épocas muy tempranas, pero la fecha no se puede precisar.

En el mes de octubre de 1553 zarpó desde Panamá, con destino al Perú, un barco mercante

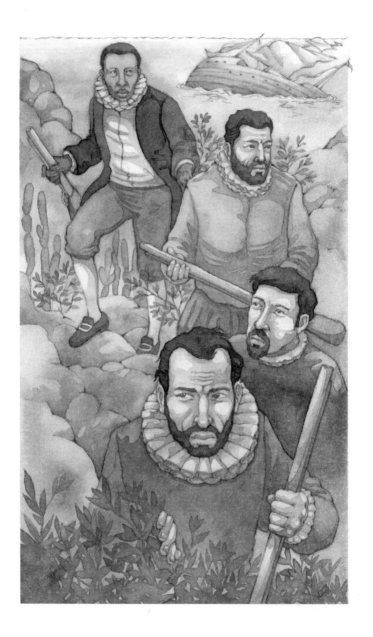

que llevaba a bordo 23 esclavos del español Alonso de Illescas. Su empleado, hombre de confianza y ex esclavo suyo quien también llevaba el nombre de Alonso de Illescas, como era costumbre en esa época, viajaba en el barco. El barco fondeó en la ensenada de Portete, al sur de Súa, para abastecerse de agua dulce. Mientras lo hacían, una gran tempestad hizo al barco chocar contra los arrecifes y hundirse. Los esclavos se apoderaron de las armas y huyeron hacia la orilla adentrándose en el bosque. Los cuatro españoles de a bordo, incluido el africano Alonso de Illescas, se dirigieron a pie hacia Portoviejo en busca de ayuda. Caminaban con dificultad porque el sol se encontraba en lo más alto y el calor se sentía fuerte debajo de las vestimentas españolas que ya se habían secado sobre los cuerpos de los viajeros. Alonso de Illescas sintió que alguien los seguía, volteó la cabeza y en un momento alcanzó a ver un rostro negro que desapareció entre la maleza. Preocupado, contó lo que había visto a sus compañeros, porque pensó que quizás se trataba de los esclavos que habían huido y ahora tenían intenciones de atacarlos. Caminaron con cuidado, pero no se encontraron con nadie. Illescas llegó a la conclusión de que había sido su imaginación. Lo lógico sería encontrarse con indígenas de la zona, pensó, pero se sorprendería mucho al encontrarse con africanos.

Por la noche se detuvieron junto a la orilla de un río, con la idea de cruzarlo por la mañana. Como no tenían con qué prender fuego, los cinco se sentaron en la oscuridad en silencio y, agotados por la caminata, se quedaron dormidos. Alonso de Illescas se despertó casi de inmediato, se sentía nervioso y preocupado, se preguntaba quiénes habitarían esas tierras, cuando una luz apareció entre los árboles y caminó hacia él. Alonso se irguió, tomó su espada en la mano y esperó.

La luz que se acercaba se mecía bastante cerca del suelo. Quien fuera que la estuviera llevando no podía ser alto, razonó Alonso.

De entre la maleza, sosteniendo un candil, apareció una niña negra.

Alonso de Illescas jamás había visto una criatura más hermosa. Tenía la cabeza cubierta por pequeñas trenzas pegadas al cráneo. Los ojos enormes y negros, con una mirada luminosa, estaban bordeados con pestañas espesas y rizadas. Su cuerpo delgado, de piel de un negro profundo y bello, daba la impresión de estar tallado en ónix.

–Mi nombre es Nan. –Dijo la niña antes de que Alonso pudiera preguntar algo.

–¿De dónde vienes? –preguntó Alonso percatándose de que estaba susurrando porque no quería que sus compañeros se despertaran.

–Vengo del monte.

–Pero... ¡tú hablas mi idioma nativo! –se sorprendió Alonso que había nacido en África, en Cabo Verde.

–Me enseñó mi madre, –repuso Nan.

–¿Hay más gente como nosotros aquí?

–No, solo mi madre y yo. Vivimos en el pueblo de los cuaqués.

–¿Cómo llegaron a este lugar tu madre y tú? –Alonso estaba lleno de preguntas.

–En la mente de mi madre.

Alonso se sorprendió de esta respuesta misteriosa, pero pensó que quizás la niña no dominaba del todo su idioma.

–¿Y tu madre?

La niña sonrió, se agachó e hizo un dibujo en la tierra. Eran cuatro conchas unidas.

Alonso de Illescas pudo ver que se trataba de un símbolo, pero no sabía qué significaba.

–Ven conmigo, –dijo la niña, tomándole de la mano–. Vamos.

El hombre dudó por unos instantes, pero la niña tiró suavemente de su mano, y empezaron a caminar juntos.

Horas más tarde llegaron a una aldea. El sol había salido y sacaba destellos luminosos de las hojas de los árboles sembrados junto a las chozas.

Algunos indígenas salieron a recibirlos con toda naturalidad, como si lo hubieran estado esperando. Nan seguía tomada de su mano, y lo condujo a una choza apartada de la aldea. Una hoguera ardía junto a la vivienda. Una mujer negra, alta, de aspecto majestuoso, apareció en la puerta y se quedó mirando fijamente a Alonso. Los indígenas que los habían seguido saludaron respetuosamente a la mujer y se retiraron.

La mujer llevaba envuelta en la cabeza una tela con diseños de brillantes colores a manera de turbante y una túnica amarilla que flotaba sobre su cuerpo cuando se movía.

–Señora… –Saludó Alonso de Illescas con una reverencia al estilo español. La mujer contestó con una leve inclinación de su cabeza.

–Debes purificarte antes de hablar con ella,
–dijo la niña señalando la hoguera–. Camina
alrededor del humo tres veces.

Cuando Alonso hubo cumplido con este requi-
sito, la mujer se acercó a él y le ofreció agua en
un calabazo, lo que le trajo recuerdos de su
niñez. Hasta el olor del humo le produjo memo-
rias lejanas. La mujer lo penetró con una honda
mirada y sus ojos tenían el color dorado-ver-
doso de la llanura africana... a Alonso le pareció escuchar el eco del rugido del león.

–¿Quién eres? –preguntó el hombre.

–Yo hago las preguntas... –respondió suavemente la mujer.

–Pregunta lo que quieras: quién soy, qué hago
aquí... lo que tú quieras y yo te responderé,
–sonrió Alonso.

–Todo eso ya lo sé, –dijo ella y se cruzó de brazos.

Alonso de Illescas se inquietó. ¿Cómo podía
esta extraña mujer saber sobre él?

–¿Por qué vigilas a los esclavos del español?
¿Acaso a ti no te hicieron esclavo? –cuestionó
la mujer.

–¡Pero ahora soy libre. Soy libre desde que
tengo once años –exclamó Alonso.

Ella rió con amargura y le reclamó:

—Y, ¿eso te permite oprimir a otra gente?

—Ellos ya escaparon cuando ocurrió el naufragio.

—¿Y piensas seguir tu camino y dejarlos aquí, abandonados?

Alonso no respondió. La verdad era que él quería llegar a Portoviejo, para desde allí encontrar otra embarcación que lo llevara al Perú.

—No debería ser tan dura contigo, porque en realidad no conoces tu destino, —dijo la mujer, interrumpiendo sus pensamientos.

—¿Mi destino? ¿Acaso tú lo conoces? —preguntó Alonso con interés.

La mujer se agachó y, al igual que la niña de la noche anterior, dibujó en la tierra las cuatro conchas unidas.

—Este es el símbolo africano de la unión de su gente, el cauri. Tú estás destinado a luchar por la libertad de los negros esclavizados y unirlos. ¡Estás llamado a ser un *cimarrón*!

¡Un *cimarrón*! Alonso se sorprendió. Él sabía quiénes eran los *cimarrones*...: los esclavos fugitivos rebeldes que luchaban por su libertad y la de sus compañeros desde lugares ocultos, de difícil acceso, llamados *palenques*. En todo el continente estaban ocurriendo levantamientos de los esclavos y abundaban los *cimarrones*. Pero él no era esclavo... ¿cómo podía pedirle aquella extraña mujer que se volviera un *cimarrón*?

–Dime quién eres... –suplicó Alonso.

La mujer levantó su barbilla y pareció aumentar aún más de estatura.

–Soy la que no tiene principio ni final. Soy el espíritu de tus antepasados y la niña que ves aquí es el futuro... que depende de ti.

El humo de la hoguera se volvió espeso. Alonso cerró los ojos porque le empezaron a arder. Cuando los abrió, se encontró solo. No estaban ni la mujer ni la niña, ni la casa y ni siquiera el poblado.

El lugar parecía el mismo donde se habían detenido la noche anterior, pero no podía afirmarlo. Buscó a los cuatro españoles con la mirada, pero no los encontró. En definitiva estaba solo. Debió ser un sueño. Repentinamente todo volvió a su memoria. África... era un niño otra vez. Vio a su madre cultivando la tierra con esmero y recordó con que orgullo su padre le contaba las hazañas de valor de los mayores… Pensó en sus antepasados, a los que él pertenecía siendo solo una prolongación de los mismos. El recuerdo de sus ancestros lo llenó de una energía especial. Sintió que su espíritu crecía y que, a partir de aquel momento, defender la vida y la libertad de sus hermanos negros sería su obligación.

Alonso se quitó la casaca española que llevaba, luego la camisa y los pantalones, y se quedó solo en calzones blancos. El viento tibio le abrazó el pecho y la espalda. Era un renacer, un volver a sus raíces y una alegría extraña se apoderó de él. Dibujó en el suelo las cuatro conchas del *cauri*, el símbolo de la unidad. Cada una de ellas representaría un palenque, que se multiplicaría tantas veces como hombres y mujeres rebeldes hubieran en esa tierra… como hombres y mujeres ansiosos de libertad hubieran en esa tierra...

… y Alonso de Illescas partió a buscarlos.

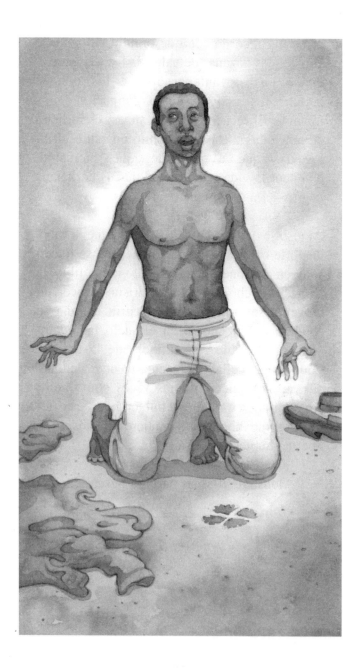

"Alonso de Illescas se volvió un cimarrón y luchó por su pueblo. Luego de algunos años, el rey Felipe II de España lo perdonó y lo nombró Gobernador de las Esmeraldas, en mérito de sus obras, especialmente por ayudar a los náufragos: '... por las obras tan colmadas de caridad, señor Alonso de Illescas, que habéis, usado con aquellos que su destino ha metido en estos despiadados lugares'.

El nombramiento lo trajo el sacerdote español Miguel Cabello Balboa, en 1577, quien cuenta sobre este hecho en un documento escrito por él mismo. El nombramiento del rey decía así en parte: '... señor don Alonso de Illescas, por virtud de esta provisión os nombra Gobernador de estas Provincias y naturales de ellas, para que, como tal, mantengáis en justicia a todas las personas que en ella residen y residirán en el porvenir...'"

Reina de los piratas

Para finales del siglo XVI, tanto los *cimarrones*, es decir, los negros rebeldes que huían de la esclavitud, como los piratas ingleses, que arrasaban las costas del Pacífico, llegaron hacer amistad. Ambos grupos se apoyaron mutuamente porque estaban al margen de la ley y luchaban contra los reyes de España.

Uno de los piratas más famosos fue el inglés Sir Francis Drake, también llamado el *Draque*, terror de la *Mar Océano*. Alrededor de 1579, Drake navegó a través del Estrecho de Magallanes, por Tierra del Fuego, en Chile, y subió bordeando las costas del Perú hasta llegar a *Las Esmeraldas*, en Ecuador, en busca de una alianza con los valientes *cimarrones* que vivían en *palenques*, lugares de refugio fuertemente protegidos. Los piratas venían a proponer un trato: si los *cimarrones* les daban agua y alimentos, ellos a cambio les proporcionarían armas, pólvora y herramientas; además de ropa, joyas y adornos que habían robado de las carabelas españolas.

En una mañana gris y nublada, un barco salió de entre la niebla y echó ancla frente a las playas de Atacames. Era una galera inglesa, la *Cierva Dorada*, barco pirata que pertenecía a Drake. Una vez amarradas las velas, el barco se quedó meciéndose en el mismo lugar como un pelícano haciendo la siesta.

Los *cimarrones* que habían estado observando desde la playa, se dirigieron inmediatamente a alertar al *palenque*. Como aún no habían tenido contacto con piratas, no tenían confianza en ellos.

Desde el barco pirata lanzaron una chalupa, cuatro hombres la abordaron y se dirigieron hacia la playa. Cuando la pequeña embarcación llegó a la orilla, tres de los hombres saltaron y la empujaron lejos del lugar donde rompían las olas. El otro, que había permanecido sentado, se puso de pie, sujetó con una mano la capa negra que llevaba y desembarcó. Era Sir Francis Drake, un hombre alto y distinguido con el cabello rojo, de ojos astutos como los de un zorro y nariz de pico de águila.

Oculta detrás de unos cocoteros, una niña negra no se había perdido ni un solo detalle de la llegada del pirata.

Los piratas miraron a un lado y a otro, buscando algo. Drake parecía molesto. Dos hombres se quedaron cuidando la chalupa y Drake caminó por la playa acompañado por un pirata viejo que llevaba un pañuelo a rayas en la cabeza.

La niña vio con preocupación que los piratas se dirigían hacia donde ella estaba escondida.

El pirata extendió su capa sobre la arena y se sentó a la sombra de los cocoteros. Se quitó el cinturón que sostenía su espada de empuñadura de plata y la puso al alcance de su mano. El otro pirata se mantuvo respetuosamente de pie.

Drake se desabrochó su camisa blanca con cuello y puños de encaje, y se limpió el sudor en un pañuelo de seda, luego se quitó su sombrero adornado por largas plumas de avestruz y se abanicó con él. Sentía calor y estaba enojado porque los *cimarrones* no lo habían esperado, a pesar de los mensajes que enviara con anterioridad. Al darse cuenta del mal humor de su jefe, el otro pirata no decía palabra y se entretenía en hacer figuras sobre la arena con su espada.

La niña, curiosa, quiso ver qué dibujaba el pirata y estiró su cuello. Drake, que estaba acostumbrado a estar siempre alerta, alcanzó a ver, con el rabillo de un ojo, el pequeño rostro.

–¡Alto!, ¿quién está aquí? –En pocos segundos se puso de pie, con la espada en alto. La niña salió de su escondite.

–¿Quién eres? ¿Hablas inglés? –preguntó Drake en tono amable. Como la niña no le contestó, Drake pidió al pirata que tradujera.

La pregunta fue realizada otra vez en castellano.

–Mi nombre es Juana Sebastiana –contestó sin titubeos.

Con la ayuda del pirata viejo, Drake pudo obtener el resto de la información: que la niña vivía en el *palenque* de Dobe, del famoso y también temido *cimarrón* Francisco de Arobe, que quedaba a un día y medio de allí; que los centinelas se habían marchado porque no querían tratos con piratas, pero que ella se había quedado porque tenía curiosidad de ver cómo eran y, además, añadió que no les tenía miedo.

A Drake le hizo gracia la osadía de la niña, y sonriendo le preguntó:

–¿No me tienes miedo a mí, el temido Francisco Drake?

La niña puso las manos en su cintura y dijo:
–No, porque yo soy una *cimarrona*, y las *cimarronas* no tenemos miedo a nadie.

Drake se rió. Le gustaba la forma de hablar de la niña.

–Pregunta si ella cree que nos pueden dar agua y comida, –pidió al pirata que traducía.

Juana Sebastiana contestó que por lo que había escuchado hablar a los mayores, lo dudaba mucho.

Drake, que necesitaba urgentemente conseguir agua y víveres para sus hombres, se preocupó. ¿Qué iba pasar ahora si los *cimarrones* se negaban a entablar amistad con él...? Y continuó la conversación traducida.

–¿Puedes llevarnos al *palenque*?

–No, porque es un lugar secreto.

–Si alguien pudiera ir a avisarles que tenemos ropa, pólvora y armas para intercambiar... para que puedan defenderse y seguir libres.

Los ojos de Juana brillaron.

–Dice que ella puede ir a explicarlo todo en el *palenque*, pero que jures que no les harás daño.

–¡Lo juro en nombre de mi reina! –y Drake sacó de entre sus ropas un medallón de plata que tenía pintado el rostro de una mujer en un lado y un espejo por el otro. Lo besó con reverencia y lo guardó otra vez.

Juana miró el medallón con interés y aceptó ir a hablar con su gente, mientras los piratas esperarían en la playa.

Juana Sebastiana caminó un largo trecho por los manglares hasta llegar al río Atacames. Allí, escondida entre las malezas de la orilla, estaba una canoa larga, construida con la madera de un solo árbol. Colocó dos troncos debajo de la canoa y la hizo rodar hasta echarla al agua. Tomó un remo largo y plano, y de pie se fue remando río arriba.

Luego de varias horas de navegar, los gritos de los pericos le anunciaron que el sol planeaba ocultarse. Juana Sebastiana conocía muy bien el río, y evitaba las corrientes peligrosas con una asombrosa habilidad. Anocheció rápidamente, y a pesar de la oscuridad continuó navegando hasta que llegar a un recodo del río, donde se bajó y pasó la noche subida a un árbol sobre un armazón de ramas.

A media mañana del otro día, llegó a una playa de arena fina rodeada por *chiperos* y *guadaripos*. Pero su viaje no había terminado aún: continuó a pie durante algunas horas más por el interior de la comarca. Ya entrada la tarde, divisó en medio del monte las grandes empalizadas hechas de caña guadua que protegían el *palenque*. Estaban puestas en ristre, o sea en filas, acostadas una tras otra, como lanzas de seis a siete metros, de tal manera que nadie pudiera entrar.

Juana se introdujo por una abertura secreta, oculta entre las cañas.

El *palenque* estaba formado por grupos de chozas o *bohíos* distantes unos de otros y ocultos en la vegetación. Cerca de allí, en los claros del bosque, había huertos con toda clase de hortalizas y frutas.

La niña fue directamente al bohío más grande donde habitaba el Palenquero, o Cimarrón Mayor, Francisco de Arobe. Tenía que cumplir con la delicada misión de convencerlo para que hablara con los piratas y sabía exactamente lo que iba a decir para lograrlo.

Al día siguiente, los *cimarrones* cargados con víveres y barriles con agua se dirigieron hacia la playa para realizar los intercambios. Iban navegando en grandes balsas y canoas. En la delantera se encontraba Francisco de Arobe.

Esa tarde, Drake puesto capa y sombrero y ceñida la espada a su cintura, esperaba con curiosidad que apareciera tan importante personaje.

Varios negros con machetes en mano surgieron de la maleza poniéndose en dos filas para

formar un camino por donde caminaría el *cimarrón mayor*.

La imponente figura de Francisco de Arobe, vestido a la moda española, en terciopelo escarlata, con aretes y nariguera de oro, apareció en medio de ellos. Caminaba con la agilidad de un guerrero y la elegancia de un rey. Drake se adelantó a recibirlo.

–Don Francisco… –saludó el pirata haciendo una reverencia.

–Don Francisco… –contestó altivo el *cimarrón*.

Luego, ambos Franciscos se dispusieron a hablar sobre los términos de las negociaciones.

Un día más tarde los piratas estaban listos para marcharse. Habían llenado sus barriles con agua dulce, y sus bodegas con fréjoles, yuca y pescado seco; los *cimarrones* tenían ropa, adornos y suficiente provisión de pólvora para sus mosquetes. Drake buscó a Juana Sebastiana, para despedirse. La encontró sentada entre los cocoteros donde la había visto por primera vez. El pirata viejo se acercó a traducir.

–Dile que quiero hacerle un regalo antes de irme, como agradecimiento por su ayuda, –solicitó Drake al pirata.

El pirata viejo tradujo el ofrecimiento y la respuesta. –Dice que quiere un espejo.

–¿Un espejo…?

–Sí, un espejo. Y que no importa si es pequeño.

–Mmmmm… –pensó Drake. Entre las cosas para intercambiar con los *cimarrones* no había un espejo, es más, el único espejo era el que estaba en el otro lado del medallón de plata que le había regalado la reina.

–¿Por qué quiere un espejo? –quiso saber Drake.

–Dice que para mirarse, –contestó el pirata traductor.

–Dile que es muy bonita, que no necesita un espejo para saberlo, y que el único espejo que tengo está en este medallón que me obsequió su majestad la Reina de Inglaterra, y no puedo dárselo.

–La niña pregunta si te parece que ella es más bonita que la Reina de Inglaterra, –tradujo el pirata un poco nervioso.

–Dile que sí, que es más bonita, pero que nuestra reina es poderosa, –contestó Drake, recalcando la palabra 'poderosa'.

–Dice que tu reina puede ser poderosa, pero que te acuerdes quién te ayudó a conseguir agua y comida para tus piratas.

Drake se quedó pensativo. Una sonrisa apareció en sus labios finos. Limpió el medallón frotándolo en la manga de su camisa, y se lo entregó a la niña.

–Dile que acepte este medallón de una reina para otra reina, porque desde hoy en adelante ella será la Reina de los Piratas y Emperatriz de la Mar Océano.

Al escuchar esto, la niña también sonrió y se puso de pie con un donaire que hubiera sido envidiado en cualquier corte europea.

Francisco Drake, el temible pirata, se inclinó respetuosamente delante de ella, rozando el piso con las plumas de su sombrero.

–Majestad... a vuestros pies. –Dijo, se dio media vuelta y caminó hacia la chalupa que lo estaba esperando en la orilla.

Juana Sebastiana, la valiente *cimarrona*, y recién nombrada Reina de los Piratas y Emperatriz de la Mar Océano, lo miró partir en el reflejo de su medallón de plata.

El árbol mágico

Al principio del principio no había nada. Ni gente, ni animales, ni plantas, ni siquiera cielo o tierra... pero había una fuerza que era madre y padre, y esto era dios, y dios era una trinidad llamada: Nzame, Mebere y Kkwa. Ellos crearon a la Tierra como una bola de fuego; luego cuando se apagó, Nzame, Mebere y Kkwa la cubrieron con tierra fértil y sembraron un árbol. El árbol creció y creció. Una de sus hojas cayó sobre la tierra y se convirtió en elefante, luego otra cayó y se convirtió en antílope, otra en leopardo, en tortuga, en hiena, en león, en mono... y las hojas que cayeron sobre el agua se convirtieron en peces, y otras que el viento llevó, en pájaros... y todos los animales y las plantas nacieron del árbol de la vida. Luego, Nzame, Mebere y Kkwa crearon a la mujer y al hombre, para que fueran los jefes de todos y caminaran libremente sobre la tierra.*

*Yeye, O, la yeye la,
canción de la tierra
estrellas arriba,
fuego en su interior,
el árbol mágico da,
Yeye, O, la yeye la.*

---

*Adaptado del mito de la creación según la cultura Fang de Gabón, del África ecuatorial.

Muchos negros esclavizados trabajaban en las minas de oro, a orillas del río Santiago. Cuenta la leyenda que en Playa de Oro, cansados de ser maltratados por un cruel amo, planeaban cómo librarse de él.

Se hallaban reunidos en la cabaña de Juan Ayoví, quien sentado en una silla de mangue, diseñada por él mismo, fumaba su pipa mientras discutían.

–¡Cañones! Eso es lo que nos hace falta. Así, ¡pum, pum, pum! –el viejo Juan dijo apuntando un cañón imaginario–, atacamos al amo mientras sube el río… –y, zaz, zaz, zaz, –restregó las palmas de sus manos una con otra– nos escapamos al monte. Pero nos hace falta un cañón, compadres, –repitió con insistencia.

¡Cañones! ¡Cañones!… pensó Jairo Ayoví, nieto de Juan, quien escuchaba con interés todo lo que decían los mayores mientras sacaba filo a su machete. Era un niño delgado, con mirada soñadora. ¡Cañones! Con esos sí se defenderían y podrían escapar y el amo nunca los encontraría. Pero, ¿cómo conseguirlos y llevarlos a la mina? Jairo continuó sacando filo a su machete, mientras la conversación se hacía aún más agitada. Todos tenían ideas sobre cómo liberarse del yugo del amo, pero reconocían lo imposible de su misión al no contar con armas de fuego.

Esa noche Jairo tuvo un extraño sueño. Se encontraba en el monte, sentado debajo de una palma de *gualte*. A su alrededor estaban caídos muchos frutos de ese árbol que les encanta a los animales. En aquel momento, un *saíno*, el chancho salvaje del monte, se acercó sin demostrar ningún temor por la presencia del muchacho. Luego de comer varios frutos, alzó a ver al niño y le pidió que lo siguiera. Jairo siguió al *saíno* y caminaron monte arriba. Llegaron a un lugar circular donde no crecía vegetación, una vez allí el *saíno* se sacudió y su piel cayó, y apareció en su lugar un gigante de tres cabezas. Cada cabeza tenía una cara, por supuesto, y cada cara ojos, nariz y boca; las bocas empezaron a hablar al mismo tiempo, haciendo imposible entender lo que decían. Jairo quiso gritar que cada una debía hablar por turnos, pero justo en ese momento se despertó.

Todo el día, durante las largas horas de trabajo, mientras ponía las pepitas de oro en las *frasqueras*, que eran grandes recipientes de vidrio grueso, donde guardaban el oro, Jairo no dejó de pensar en el extraño sueño y de preguntarse qué sería lo que el gigante de tres cabezas le había querido decir. Estaba distraído y muchas veces fue amonestado por el capataz.

Esa noche se fue a dormir con la esperanza de volver a soñar lo mismo que la noche anterior.

Y así fue, pero esta vez sí pudo entender lo que las cabezas le decían: "Busca al árbol mágico, y con su madera haz realidad tus sueños y los de tu gente". Cada cabeza repitió estas palabras y luego, el gigante se convirtió en un enorme árbol.

Jairo decidió que debía contar el sueño al abuelo.

–Un árbol gigante, ¡ah! mmmm. Y el gigante se convirtió en un árbol... –dijo el abuelo a quien le gustaba repetir las cosas.

–Sí, pero antes dijeron las cabezas que al encontrar ese árbol, nuestros sueños se iban a hacer realidad, abuelo.

–¿Cuáles sueños, Jairo? ¿Cuáles sueños?, si el único sueño que tenemos es el de ser libres.

El muchacho movió su cabeza de lado a lado, pensando. Ser libres… ¡Eso era!

–Abuelo, ¡eso es! Lo de los cañones. Mi sueño tiene que ver con lo de los cañones.

El niño convenció al abuelo de la importancia de su sueño, y la noche siguiente se pusieron de acuerdo en ir a buscar al árbol gigantesco que podía ser una especie de señal. A todos les gustaba la posibilidad de que en algún lugar del monte estuviesen escondidos los cañones, quizás dejados por los piratas que habían merodeado la zona.

Escogieron a tres hombres, entre los más forzudos, y al niño dueño del sueño, para meterse en el bosque al amanecer en busca del árbol mágico. El pretexto era ir a buscar madera para labrar un *potro*, la canoa esmeraldeña. El capataz aceptó gustoso y los dejó ir porque le encantaba la idea de tener nuevas canoas en el campamento.

No se demoraron mucho en encontrar al gigantesco árbol. Era como si el árbol los hubiera estado esperando. Los hombres estaban sorprendidos, nadie recordaba haber visto antes al árbol, ni en aquel lugar, ni en ninguna otra parte del monte. Era tan grande que los cuatro juntos, agarrados de las manos, no podían rodear su tronco, y su madera parecía de acero... como el acero de los cañones. Nadie dudó de que se trataba de un árbol mágico y que posiblemente era una señal que indicaba la presencia de cañones escondidos. Horas más tarde, la alegría de encontrar al árbol se volvió tristeza porque no hallaron señales de ningún cañón.

Jairo, cansado, se sentó debajo del árbol. Se sentía avergonzado delante de los hombres y sabía que se iba a sentir peor delante de su abuelo. Los hombres, desilusionados, regresaron a la mina, sin percatarse de que Jairo se había quedado dormido.

El niño volvió a soñar, y el sueño era tan real que sintió que el árbol bajaba sus ramas para acariciarlo suavemente, haciéndole cosquillas en la nariz.

–Jairo, me encontraste, –dijo el árbol.

–Pero no encontré los cañones, –murmuró Jairo desalentado– el cañón que necesitamos para liberarnos del amo.
–Pero para eso estoy yo, para ayudarles a ser libres. Piensa, piensa… me puedes utilizar para construir un cañón… y lograr tu sueño.

Con esta frase en los oídos se despertó Jairo y echó a correr donde su abuelo.

–Abuelo, abuelo, tengo que hablar contigo.

–Ay, niño, espera que termine mi turno, –le dijo–. Espera que termine mi turno. No ves que si no me van a castigar.

Esa noche, mientras comían su fréjol y yuca, el niño contó al abuelo lo que el árbol le había dicho en su sueño:

–… y entonces, el árbol me dijo que nos va a ayudar para ser libres. Por eso tengo una idea, abuelo.

El abuelo, sin mucha convicción, preguntó cuál era la idea.

–¡Podemos hacer un cañón de madera con ese árbol! –exclamó Jairo.

¡¿Un cañón de madera?! ¡¿De madera?! ¿Estás loco?

–Sí, abuelo, digo no, no estoy loco. Eso quiere el árbol que hagamos, y como es un árbol mágico…

La idea se regó como pólvora por la mina, y los poderes del árbol mágico aumentaron de tal manera al pasar de las horas, que para el día siguiente todos estaban de acuerdo en construir un cañón con la madera de ese árbol.

El árbol seguía allí. Su madera parecía de hierro. Los hombres afilaron sus hachas y un poco dudosos de poder lograrlo, empezaron a cortar al árbol. El árbol parecía facilitar su trabajo y pronto lo tumbaron. Todos los días los hombres venían en secreto a tallar la madera y a darle forma hasta que lograron hacer el tan deseado cañón.

Ahora tenían que escoger la munición que utilizarían, el lugar y la fecha. La munición no fue problema, porque el árbol le dijo en sueños a Jairo que metieran hachas dentro del cañón.

El lugar: luego de conversar largamente, se escogió el estero de Cogería por ser un sitio escondido del río. Y la fecha: el fin de mes, próxima visita del amo.

Todo estaba perfectamente organizado. El cañón fue llevado al lugar y se pusieron a esperar.

Por fin llegó el día. Los tres hombres y Jairo se escondieron en el estero. El cañón estaba cubierto con ramas. Las horas pasaban lentamente. Los hombres se sentían nerviosos porque habían faltado al trabajo y temían que, si los encontraban, el castigo sería terrible.

Al final de la tarde, la canoa con el amo subía por el río Santiago. Guayacanes, chanules, rampiras y pambiles levantaban una pared natural detrás de la cual se ocultaban los rebeldes. Desde el monte un tucán, con aspiraciones a director de orquesta, lanzó su chillido agudo, y los guacamayos, las garzas y los pericos se pusieron a cantar.

Lo demás ya es leyenda y la cuentan los abuelos de Playa de Oro:

"Los negros tenían con ellos una antorcha prendida que la acercaron a la mecha del cañón.

'Dale fuego al *apunté…*' dijo el primero.

'La mecha no quiere *ardé...*' contestó el segundo.

'*Entonce, ¡alzá la pata y corré!*', exclamó el tercero y todos corrieron.

El amo, que desde la canoa había escuchado las voces, se acercó hacia la orilla y desembarcó con carabina en mano. No bien lo había hecho, un enorme cañón de madera le cayó encima aplastándolo con su peso. Está por demás decir que el amo no volvió nunca más a su mina y que los negros quedaron libres".

Jairo nunca más pudo encontrar señales del árbol mágico; ni su tronco ni sus ramas cortadas, ni siquiera el cañón que habían construido con su madera.

Pero jamás lo olvidó.

Hay noches en Playa de Oro que cuando sopla el viento y mueve las ramas de los árboles, se escucha una canción:

Yeye, O, la yeye la,
canción de la tierra
estrellas arriba,
fuego en su interior
el árbol mágico da...
Yeye, O, la yeye la.

Raíz de libertad

El Valle del Chota recibió su nombre por la cacica de Mira, doña Angelina Chota. Luego se lo conoció como Coangue, que significa *lugar de fiebres malignas*. Pero el nombre más apropiado durante dos siglos y medio fue el de *Valle del dolor y la muerte,* por los sufrimientos que padeció el pueblo negro.

En 1575 llegaron los primeros negros esclavizados, minas, chalás, mondongos, caravelíes, yorubas, congos; comprados en los mercados de Popayán y Buga, en Colombia, y traídos por los padres jesuitas para trabajar en sus haciendas, en las plantaciones de caña y algodón. Para el año 1777, es decir a finales del siglo XVIII, los padres jesuitas fueron obligados a abandonar las haciendas que poseían, y éstas pasaron a otras manos más crueles.

Los africanos, obligados a perder sus antiguas religiones y adoptar la cristiana, habían convertido al Dios de sus opresores en el Dios de los oprimidos, sintiéndose profundamente identificados con los sufrimientos de Jesús. Como no podían hablar libremente, utilizaron las fiestas religiosas para reunirse y poder reclamar un trato más justo, aunque los reclamos siempre terminaran en azotes.

En la hacienda La Concepción avanzaba lentamente, entre cánticos y oraciones, la procesión de Semana Santa. Los negros llevaban a cuestas un Cristo crucificado de tamaño natural. Una mujer, cubierta por una túnica celeste, luciendo las cintas de la cofradía del Santo Manto, caminaba entre los devotos deteniéndose a hablar con algunos de ellos. Era Martina Carrillo, que convocaba disimuladamente a algunos compañeros a reunirse en secreto, una vez terminado el acto religioso.

Esa noche, alumbrados por una vela de cebo, se reunieron en la choza de Martina, María Ambrosia Padilla, Ignacia Quiteño, Irene Luardo, Andrés y Pedro Lucumí y Antonio Chalá, negros rebeldes que planeaban protestar sobre la manera inhumana en la que eran tratados en la hacienda.

–Falta el primo Francisco, –dijo Petita, sobrina de Martina, refiriéndose a Francisco Carrillo, hijo de Martina.

No sabían que, justo en ese momento, el joven Francisco era azotado con cien latigazos por haberse atrevido a defender a una mujer embarazada a la que querían castigar.

–Francisco… ¡ay, no lo estarán castigando otra vez! –Martina exclamó con angustia, como si lo presintiera. Su hijo era un rebelde… pero no podía quejarse porque ella le había dado ese ejemplo. Martina se había rebelado contra la esclavitud desde niña, y las cicatrices profundas en su espalda y piernas eran recuerdos amargos de los castigos a los que había sobrevivido.

Francisco no llegó esa noche.

Al día siguiente, en medio del murmullo de los rezos en grupo que iniciaban de madrugada, mientras cardaban algodón, Martina trató de averiguar sobre su hijo. Le contaron sobre el castigo, pero nadie sabía dónde estaba.

Martina tenía que preparar la capilla para la vigilia del Viernes Santo, es decir para los rezos con los que los fieles acompañan a Cristo en el aniversario de su muerte. Pero la preocupación de la mujer era tan grande, que encargó a Petita que adelantara los preparativos mientras ella iba en busca de su hijo.

Petita empezó a limpiar. El Cristo crucificado, de tamaño natural, utilizado en la procesión, se encontraba nuevamente en su puesto, en el altar derecho a la entrada de la capilla. La niña se detuvo y lo miró con compasión. Sus heridas sangrantes le recordaron los azotes y latigazos que recibían los negros de la hacienda.

–Pobrecito… te trataron como a nosotros, ¿no? –dijo Petita y siguió limpiando.

Afuera se escuchaban los relinchos de los caballos que traían la caña para ser molida y cocinada en la molienda, y se percibía en el ambiente el olor dulzón del guarapo tierno, el caldo de la caña, el olor a melaza... El humo del trapiche entró por la puerta y la capilla se nubló. Los ojos de la niña empezaron a lagrimear.

Petita se limpiaba los ojos en la manga de su viejo saco, cuando escuchó un "sí" pronunciado tan bajo que no supo dónde estaba quien había contestado su pregunta. Se quedó quieta, sin moverse, aguzando los oídos. Escuchó un leve movimiento que venía del altar del Cristo crucificado.

La niña se acercó al altar. –¿Hablaste tú... Señor? –Preguntó santiguándose.

–Shhhh, Petita.

Petita retrocedió asustada.

Una voz conocida le dijo: –No te asustes, soy yo.

Era su primo Francisco, quien salió detrás del Cristo.

–Sí, a Él le pegaron igual que a nosotros, –dijo Francisco temblándole la voz de indignación.

Casi no podía mantenerse en pie por lo golpeado que estaba.

—¡Estabas escondido aquí! —exclamó Petita.

Cuando regresó Martina y se encontró con su hijo en ese estado, se puso a llorar. Los malos tratos, los castigos, los azotes, las humillaciones que sufrían los negros esclavizados eran insoportables. Había que hacer algo para que se supiera la verdad de lo que sucedía dentro de la hacienda... Pensó en las autoridades. ¿Por qué no? Ella estaba dispuesta a ir a hablar en persona con quienquiera. De alguna manera siempre supo desde niña que algún día iba a cumplir una misión para con su gente.

—Vamos a quejarnos. —Martina alzó la mano en un puño.

—¿A quién vamos a quejarnos, mamá? ¿Quién va a oírnos? ¿Quién va a hacernos caso? —preguntó su hijo.

La mujer se quedó pensando. Mientras más alta la autoridad mejor. —¡Al presidente! —exclamó— ¡Yo iré a hablar con el mismito presidente de la Real Audiencia. ¡En Quito!

—¿Y cómo? Si no podemos abandonar la hacienda, —preguntó Petita asustada.

–¡Huiré! –contestó Martina. Regresó a ver a su hijo y le urgió–. Francisco, busca a los otros y diles que, si ellos están de acuerdo, debemos reunirnos para planear.

Francisco abrió la puerta y salió sigilosamente. No quería atraer la atención del mayordomo justamente ahora.

La mujer y la niña empezaron a desenvolver los paños morados con los que cubrirían los santos durante los ritos de ese día. Martina tenía una expresión de angustia en la cara que Petita notó. Para distraerla se puso a conversar:

–No sabía que el primo estaba escondido aquí, tía –comentó Petita–. ¡Si viera el susto que me dio! Creí que era el Cristo que me estaba hablando. ¡Qué tonta pensar que el Cristo iba a hablar! –se sonrió burlándose de su ingenuidad.

Martina se sentó en una banca y se quedó mirando fijamente al Cristo crucificado. Una expresión soñadora apareció en su rostro.

–Ven, Petita. Ven. Siéntate aquí, a mi lado, –pidió– te voy a contar algo.

Petita se sentó al lado de su tía y puso su mano sobre la mano áspera de la mujer. Estaba acostumbrada a que su tía le contara cuentos, pero se sentía sorprendida porque esta era la primera vez que lo hacía en la capilla.

–Cuando yo era chiquita, así, de tu edad, mi mamá, que también pertenecía a la cofradía del Santo Manto, me traía acá para ayudarle a limpiar la capilla. Una vez, al comienzo de la Semana Santa, habíamos venido a limpiar las figuras de los santos. Mi mamá se fue a buscar las velas y otras cosas más que necesitábamos para completar el arreglo de la capilla, y yo me quedé aquí limpiando con un trapo húmedo los santos. Estaba subida en ese altar, en el de San José, cuando escuché una voz que me llamaba: "¡Martina, Martina!", yo me bajé rápido pensando que era mi mamá que había regresado y que necesitaba mi ayuda, pero la capilla estaba vacía y la puerta estaba cerrada para que no entrara el polvo. Afuera el viento estaba soplando y resoplando, había empezado a lloviznar y la capilla se volvió oscura. Sentí un poco de miedo, pero seguí limpiando mientras esperaba que regresara mi mamá. Cuando me tocaba limpiar al Cristo crucificado, vi que la cruz estaba vacía. Me pareció raro que no estuviera allí, porque solo lo bajaban para las procesiones y la procesión no se iba a realizar hasta el Viernes Santo. Estaba pensando en esto, cuando volví a escuchar mi nombre. La voz dijo: "No tengas miedo", y ya no sentí miedo porque la voz era dulce. "¿Quién eres?", pregunté tratando de ver en la penumbra. Y me contestó: "Soy tu hermano", pero yo no tenía hermanos, sino solo hermanas, así que volví a insistir en que me dijera quién era. La voz repitió lo mismo y dijo que era mi hermano crucificado. Y en ese momento pude ver el rostro de quien me hablaba, vi que era el rostro de un hombre negro. Yo le dije que el único crucificado era Cristo, pero que Cristo no era negro, y me respondió que el Hijo de Dios se había encarnado hace muchos años por amor, y que seguía haciéndolo, y por eso Él se hacía negro entre los negros, y que yo no debía tener miedo de decir que Jesús es negro y que las ofensas que recibe su pueblo también las recibe Él. ¿Comprendes, Petita? Y es por eso que ahora…

–… Planeas escaparte para ir a Quito a denunciar cómo nos maltratan, ¿no? –susurró Petita aún sobrecogida por la historia que había escuchado.

–Sí, no es justo que nos traten así. No es justo… –repitió Martina limpiándose las lágrimas.

–Y… el Cristo… –la niña continuó susurrando mientras apuntaba con la barbilla a la estatua–, ¿le ha hablado otra vez?

–No, ni una sola vez.

Se arrodillaron y oraron juntas, demasiado emocionadas para continuar con el arreglo de la capilla.

Meses más tarde, a finales de enero de 1778, Martina se despidió de la niña antes de huir hacia Quito, junto con su hijo y los otros rebeldes que se habían reunido meses antes. Iban a denunciar los malos tratos que sufrían los negros. Era una noche oscura, sin estrellas. El viento de los Andes se metía a la fuerza por el valle formando pequeños remolinos y las acacias se mecían sin atreverse a hacer ruido con sus hojas. Petita, envuelta en una manta rosada, miró como el pequeño grupo se perdía en la distancia.

Se fue a rezar a la capilla. Una vela casi consumida por completo brillaba tenue delante del altar mayor. Su luz titilante penetraba tímida en las tinieblas, produciendo sombras indecisas que cambiaban de lugar. Petita se arrodilló en la primera banca y agachó su cabeza. Pensó en su tía Martina y en sus compañeros, en su misión, y en el difícil y peligroso viaje que les esperaba. Juntó las manos y miró hacia la cruz del Cristo crucificado para rogar por los rebeldes.

La cruz se veía vacía...

Petita no se sorprendió. Sabía que el Cristo se había marchado caminando junto a ellos.

El presidente Diguja recibió a Martina Carrillo y a sus compañeros, y los escuchó prometiéndoles abogar por ellos, pero cuando regresaron a la hacienda La Concepción fueron terriblemente castigados. Los negros continuaron esclavizados, pero esta heroica mujer había conseguido mejorar las condiciones de todos sus compañeros y sentar un ejemplo de valentía para nuestro país.

Como un río torrentoso

oio, oio, oio, oio, oio, oio,
oio, oio, oio, oio, oio, oio.

oio, oio, oio, oio, oio, oio,
oio, oio, oio, oio, oio, oio.

Las voces cantaban intensas en la oscuridad aquella noche de julio al ritmo de la *bomba*, tambor de origen africano del Valle del Chota, instrumento de consuelo y convocatoria.

Eran los negros esclavizados de una de las haciendas que desafiaban nostálgicamente su libertad perdida y el sistema cruel de explotación en el que vivían.

Pero la nostalgia se había convertido en rebeldía desde hace algún tiempo, y ahora el grupo de sesenta hombres, mujeres y niños esperaban una señal, previamente acordada, para huir hacia el monte.

Y la señal llegó, en la presencia de un hombre arrogante con la cabeza en alto y una mirada desafiante. El caudillo, cubierto con un poncho tirado hacia la espalda a manera de capa, se plantó delante del grupo.

Era Ambrosio Mondongo quien, sin poder soportar por más tiempo tanto atropello a la dignidad humana, se había alzado contra los amos, para organizar un movimiento libertario.

Desde hacía varios meses Ambrosio Mondongo se había convertido en un *cimarrón*, y había establecido estratégicamente su *palenque* en lo más escondido de las montañas. Los esclavos lo rodearon, Ambrosio dio algunas órdenes y todos corrieron detrás de su cabecilla. Un hombre viejo se puso a tocar la *bomba*, aumentando el ritmo al mismo tiempo que la gente huía.

El mayordomo, junto con otros trabajadores de la hacienda, trataron de detenerlos con disparos de escopetas, pero ellos huyeron al monte, armados de hachas, machetes, palos y piedras.

Luego de varias horas de trepar por el monte, cansados, desgarrada la piel por las matas espinosas, llegaron a su destino. El *palenque*, en lo alto de una montaña, se encontraba fuertemente resguardado detrás de muros de piedras que fácilmente podían servir para defenderse o para atacar haciéndolas rodar montaña abajo. Había unas diez chozas situadas de manera circular y, en el medio, un fogón donde algunas mujeres cocinaban.

Varios *palenqueros* se acercaron a darles la bienvenida. Entre ellos, dos niños gemelos que corrieron donde Ambrosio.

–¡Ismael! ¡Antonio!

–¡Ñaño Ambrosio! –los gemelos se abrazaron de su hermano. Apenas le llegaban a la cintura. Los niños buscaron ansiosamente entre los rostros de los recién llegados. Ellos habían podido escapar hace algunos meses, en una de las primeras fugas de los esclavos, pero Papá Grande, su abuelo, se había quedado atrás. Además de Ambrosio, él era el único pariente que los niños conocían, ya que su madre había muerto cuando nacieron, y el padre había sido vendido por rebelde a una hacienda de la Costa.

–No vino, –dijo el hombre, adivinando lo que los niños estaban pensando–. Papá Grande no pudo escapar esta vez tampoco, pero... ¡cómo tocó la *bomba*, el viejo! Tun, tun, tun, tun, y la gente corría y corría, como si tuvieran alas en lugar de pies. Tomen, les mandó estos *ovos*. Y les entregó un pañuelo anudado.

Los niños miraron el pañuelo con expresión triste. Antonio empezó a desatarlo, pero, Ismael se lo quitó y dijo ansioso: –¡Espera! No lo abras. –Su rostro estaba todo fruncido con el esfuerzo que hacía para no llorar.

–¿Por qué no, Ismael?

–Porque quiero comerlos cuando venga Papá Grande…

–Pero, los *ovos* se van a podrir… –se quejó Antonio, que ya podía paladear el delicioso sabor de la fruta en su boca.

–¡Basta, ya! –les interrumpió Ambrosio–. Vamos a dormir. Mañana nos espera mucho trabajo; tenemos que construir nuevas chozas y trabajar en los cultivos.

Ismael y Antonio se dirigieron hacia el mirador, donde siempre dormían. El mirador quedaba en una saliente de la montaña que permitía a los rebeldes *cimarrones* observar todo el valle. Noche y día, mujeres y hombres se turnaban para hacer guardia.

Los gemelos se envolvieron en costales y se acostaron en el suelo, junto al muro. Les gustaba dormir allí porque podían ver las estrellas y al mismo tiempo estaban protegidos del viento frío de la Sierra. Antonio se durmió en seguida. Ismael se quedó mirando al cielo. La noche estaba tan cargada de estrellas, que le recordó a un árbol de *ovos*. Buscó en la oscuridad el pañuelo anudado y lo acarició. Si pudiera guardar los *ovos* hasta la llegada del abuelo… pero, ¡podía sembrar las semillas y cuando Papá Grande llegara ya tendrían árboles de *ovos*! Cosecharían los frutos juntos... Ismael se puso a llorar.

–No llores, ñañito... –Ambrosio Mondongo se acercó al niño. Él personalmente había querido hacer la guardia esa noche, y al acercarse al mirador escuchó los sollozos de su hermano menor.

–¿Es por el viejo o es que tienes miedo? –preguntó Ambrosio sentándose junto al niño.

Ismael se quedó callado, avergonzado porque su hermano mayor lo había escuchado llorar.

–De alguna manera vamos a traer al viejo, así que no llores por eso, y si lloras por miedo, yo también tengo miedo... un poco. Esta noche sí. Con tanta gente que hemos traído al *palenque*, tenemos que estar bien atentos, porque los *ranchadores* estarán buscándonos como locos, –continuó Ambrosio refiriéndose a los buscadores de esclavos, que se ganaban la vida atrapando a los negros que huían de las haciendas y ranchos.

Ismael sintió que un escalofrío de miedo le recorría la espalda. Sabía demasiado bien sobre los castigos que los *ranchadores* daban a los rebeldes que atrapaban, además de separarlos, los vendían a otros amos para evitar que planearan levantamientos.

–Yo tengo miedo de que nos atrapen, –susurró con el susto de que si lo decía en voz alta se podría cumplir.

–Y, ¿que nos castiguen? –Ambrosio acercó su rostro al del niño. Sus ojos brillaban en la oscuridad.

Ismael susurró en el oído de su hermano mayor, quien más que a los castigos temía a que los separaran. Al decirlo, tocó en la cabeza al otro gemelo que se despertó.

Ambrosio Mondongo no respondió al niño, pero se puso de pie, y con la gracia y agilidad de un gato saltó al otro lado del muro. Cuando regresó, tenía una rama de acacia en la mano. La partió en dos y formó una cruz.

–¿Ven esta cruz? –preguntó a los gemelos.

Los dos asintieron con la cabeza.

–Ahora, busquen en el cielo una igual pero formada por estrellas.

Los dos niños se incorporaron al mismo tiempo, levantaron los rostros y se pusieron a buscar con la mirada lo que les había pedido su hermano.

—Es una cruz formada por cuatro estrellas y está por allá, –indicó Ambrosio.

Ismael se subió primero sobre el muro para poder ver mejor y luego siguió Antonio. Había tantas estrellas que era difícil encontrar las cuatro que buscaban.

—Ahí están, –Ambrosio sonrió señalando con una rama a las estrellas que buscaban.

Los niños miraron con asombro. Nunca antes se habían fijado en la constelación, que no era otra que la Cruz del Sur.

—La otra noche soñé que estas estrellas eran un símbolo, una señal de fuerza y de unión. Nosotros seremos como las cuatro estrellas de esa cruz: la de arriba, Papá Grande; las otras, ustedes y yo, y al mirarlas siempre sentiremos que estamos juntos.

Los gemelos no estaban tan seguros si entendían lo que Ambrosio quería decir, pero estaban acostumbrados a que su hermano dijera cosas hermosas que solo él podía comprender.

La noche pasó demasiado rápida para los niños que se despertaron cansados. Un cielo claroscuro los saludó sin emociones. Las estrellas se habían ocultado y solo quedaba el planeta

Venus, tan luminoso como una estrella, esperando impaciente a que el sol terminara de salir para poder irse a dormir.

Fue el primer día de muchos otros y así pasaron los meses. Los gemelos junto a su hermano y los otros *cimarrones* trabajaban en los huertos, que quedaban escondidos en diferentes lugares, no muy lejanos del *palenque*.

Un día, al mirar los plátanos que ya estaban crecidos, Ambrosio volvió a sentir que su corazón le decía cosas que venían de un pasado que llevaba dentro.

–Siento que nuestra vida está representada por los árboles que hemos sembrado y lo que nos suceda a nosotros les sucederá a ellos, –les dijo a los niños.

Las palabras de su hermano causaron tanta impresión a los gemelos que se propusieron observar con mucha atención todo lo que habían sembrado. Las semillas de los *ovos*, que habían recibido como regalo del abuelo, ya eran unas matas grandes y los plátanos estaban en flor.

–Los plátanos ya mismo van a parir, –comentaban felices las *cimarronas*. Los plantaron a su llegada; eso significaba que ya habían transcurrido nueve meses de libertad.

Todo parecía que marchaba bien en el *palenque*; tenían suficiente comida y lo que les sobraba lo intercambiaban con algunos pueblos indígenas que respaldaban a los *cimarrones*. Esa mañana se iban en un viaje de dos días, junto con otros, a intercambiar fréjoles colorados por sal y a averiguar sobre nuevos grupos de negros esclavizados que quisieran unirse a ellos.

En el pueblo las noticias no fueron muy alentadoras; las haciendas controlaban más que nunca a sus esclavos y un grupo de *ranchadores* había aparecido hace pocos días haciendo preguntas. Apenas terminado el intercambio de los víveres, los *cimarrones* volvieron rápidamente al *palenque*.

Ambrosio escuchó preocupado las nuevas y aumentó la vigilancia: las *cimarronas* armadas con palos cuidarían el interior del *palenque*, donde se encontraban las chozas y allí reunirían a los niños; los *cimarrones* con machetes y hachas, la parte exterior incluyendo las laderas de la montaña.

Y esa noche, Ambrosio vio en sus sueños un río torrentoso que corría libre y poderoso por el valle...

Al amanecer llegaron las noticias que un grupo de hombres armados, acompañados por soldados, habían sido vistos en la parte más angosta del valle.

Los gemelos fueron enviados a los cultivos cercanos al *palenque*, a traer yuca. Hacía calor y el viento parecía haberse quedado dormido. Cuando llegaron al huerto, se sorprendieron al ver a los árboles de plátanos tan enfermos... las hojas amarillentas colgaban sobre los troncos. Los dos se miraron asustados, recordando lo que les había dicho su hermano: que lo que sucediera con los árboles les sucedería a ellos.

Al atardecer llegaron los soldados armados con sables y carabinas, y la madrugada encontró a los *cimarrones* esclavizados nuevamente. Ambrosio Mondongo se hallaba encadenado y amarrado con dos cañas gruesas que le sujetaban el cuello desde el pecho y la espalda. Ismael y Antonio, tomados de la mano, se pusieron junto a su hermano, esperando órdenes para bajar de la montaña. Les habían arrancado la libertad nuevamente.

Ismael se aclaró la garganta. Le parecía que nunca más iba a poder hablar. Tosió unas dos veces antes de hacer la fatal pregunta. –¿Qué va a ser de nosotros, ñaño Ambrosio, nos irán a separar?

Ambrosio los miró primero a uno, luego al otro. –¿Se acuerdan lo que les dije sobre la cruz de estrellas? –les preguntó.

Los gemelos dijeron sí en un susurro.

–Nadie puede separar a esas estrellas, –les recordó Ambrosio– nadie...

Ismael puso una mano sobre las manos amarradas de su hermano mayor y con la otra apretó la mano de su hermano gemelo.

–Además, –continuó Ambrosio– la otra noche vi en mis sueños a un río poderoso... ese río somos nosotros, es el pueblo negro: que es como un río recio y torrentoso que correrá libre. ¡Libre!

Ambrosio Mondongo irguió su cuerpo a pesar de las cadenas, y caminó entre sus hermanos altivo y orgulloso.

Detrás quedó la tierra seca con los árboles marchitos, con la esperanza de algún día volver a acunar en su lecho las aguas de ese río.

Al nombre de Ambrosio Mondongo del Chota, en 1789, se unen el de Pedro Luis Mina, del valle del Catamayo, y el del capitán de negros Juan José Márquez en 1805, como los primeros caudillos, héroes de la rebelión del pueblo negro.

Bellita

En un atardecer de esos en los que parece que el sol no quiere irse a dormir, y se agarra de las montañas diciendo "un ratito más", varios niños jugaban al chivito en la hacienda Carpuela.

–Chivito, salí de mi huerta.

–Señora, no tengo puerta.

–Salí por donde has entrado.

–Ya me lo han tapado.

–'tonces abriré el candado*.

Y la niña que hace de chivito sale del círculo formado por los otros niños y corre antes de que la persigan.

Un anciano de rostro bondadoso la observa oculto desde las sombras del troje, y sus ojos se vuelven miel de panela. ¡Su nieta está tan bonita, y ha crecido tanto desde la última vez que la vio!

---

*Juego típico del Valle del Chota

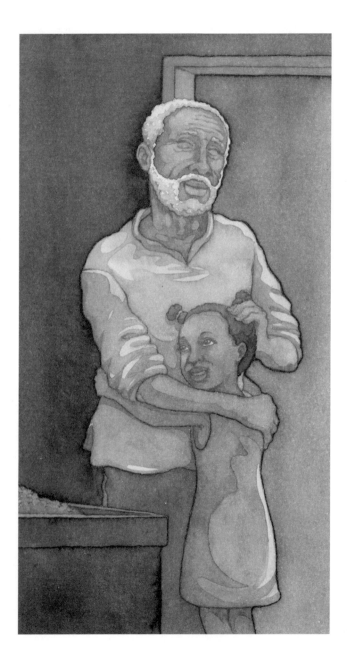

La niña corre con sus pies descalzos y en un instante, acorta la distancia para llegar al troje. Regresa a ver si alguien la persigue y choca contra el viejo que abre los brazos para sostenerla.

–¡Papá Grande! ¡Papá Grande! –grita emocionada mientras rodea con sus brazos al abuelo.

–¡Shhhh, Bellita, shhhh! No digas mi nombre tan alto que el mayordomo no sabe que estoy aquí, –dice Cristóbal de la Trinidad, apoyando un dedo sobre sus labios.

–Ah, ése, –responde Bellita con gesto despectivo– a ése, cualquier día se lo va a llevar el duende por malo.

Y es que el mayordomo de la hacienda Carpuela era malo, pero bien malo con los negros esclavizados y en particular con el abuelo Cristóbal.

La historia se remontaba a varios años de rebeldía y luego, dos años atrás, en 1790, a cuando Cristóbal de la Trinidad había reclamado un trato justo para él y para los otros ancianos que aún eran obligados a trabajar en condiciones inhumanas. Por estas razones, el abuelo fue enviado a la cárcel de Ibarra durante muchos meses. El espíritu luchador del viejo no se dejó intimidar, y apenas salido de la prisión, enfermo y débil, siguió protestando por lograr que la Real Audiencia de Quito le concediera la libertad a él y a su mujer. Al fin la consiguió... pero como castigo le prohibieron volver a pisar la hacienda de Carpuela bajo pena de cadena perpetua. El castigo no podía haber sido más cruel, porque Carpuela era el único hogar que él conocía, además allí continuaban sus hijos, su hija y su nieta consentida.

Ahora, en vísperas del día de la Virgen Inmaculada, para el cumpleaños de Bellita, Cristóbal de la Trinidad había regresado a la hacienda en secreto.

–¡Papá Grande, has venido para mi santo! –palmoteó encantada la niña refiriéndose a su cumpleaños. En esa época la gente era nombrada según el día del santo en el cual nacía, y el nombre completo de Bellita era Bella Inmaculada, en honor a la Virgen.

–Solo por unas horas, Bellita, solo por unas horas.

–Pero tienes que quedarte para celebrar mi santo, Papá Grande.

El anciano miró con cariño la carita llena de preocupación y suspiró; sabía el peligro que corría si se quedaba.

–No puedo, Bellita, tú sabes lo que me haría don José si me encuentra.

–¡Quédate, quédate! –La niña se abrazó de su abuelo nuevamente y volvió a insistir que se quedara. No quería pasar su santo sin él. Ah, si el temido mayordomo no estuviera en la hacienda, esto sería posible; pero no se había marchado en ninguno de sus viajes a Ibarra o a Quito, y ahora menos siendo vísperas de la fiesta de la Inmaculada, donde aprovecharía para emborracharse.

–Anda a buscar a tu mamá, –dijo el abuelo–. Tengo un regalo que darte, pero lo voy a dejar con ella porque es una sorpresa que te manda por tu santo Mamá Grande. Yo me voy a subir al altillo para que nadie me vea.

La niña corrió a buscar a su mamá. ¡Se sentía tan indignada! ¡Qué bueno hubiera sido si el dueño de la hacienda hubiera despedido al malvado mayordomo, como su abuelito pidiera hace dos años, al ver los malos tratos que les daba a los negros…

Aunque, en realidad sería mejor que el duende se llevara al mayordomo; pero, ¡capaz que ni el mismo duende lo quería! ¡El duende! Pensó Bellita con un escalofrío. Decían que era un hombre bien pequeño que usaba un sombrerote y se llevaba a la gente al monte. La niña atravesó el patio de la casa de la hacienda. En la parte de atrás aún había alguna ropa secándose.

El pantalón, la camisa y hasta un sombrero de fieltro de alas grandes, tirados sobre la yerba parecían un hombre recostado en la tenue luz del atardecer. El sombrero recordó a Bellita nuevamente al duende. Bellita se detuvo, pensando...

Cuando Bellita regresó al troje con su mamá, ya el sol se había ido a dormir hacía rato. Encontraron a Papá Grande esperándolas con impaciencia.

–Toma, –dijo el abuelo entregándole a su hija una funda de yute amarrada en la parte superior–, esto es para Bellita. A Mamá Grande le hubiera gustado dárselo en persona, pero ya sabes que se está poniendo muy vieja para andar jugando a las escondidas. Y yo, pues a mí me hubiera gustado quedarme, pero el mayordomo...

–Oye, Papá Grande, ¿tú sabes si don José tiene miedo del duende? –interrumpió la niña.

La madre y el abuelo la miraron sorprendidos.

–¿Por qué preguntas eso? –cuestionó la madre.

–Por nada, –dijo Bellita alzándose de hombros.

–Yo creo que sí. Estoy seguro de que don José tiene miedo del duende, –contestó el abuelo. ¡Quién no va a tener!

–Entonces no te preocupes, Papá Grande, y quédate con nosotros a celebrar las vísperas de la Virgen Inmaculada, porque don José no va a salir de su casa esta noche.

Bellita hablaba con tanta seriedad que el abuelo se preguntó si la niña sabía algo que él no sabía. Tenía que irse pronto... pero la expresión en la cara de su nieta lo hizo cambiar de parecer. Además, era mucho más tarde de lo que él había planeado regresar.

Caminaron hasta la pequeña choza donde vivía Bellita, con su mamá y un hermanito pequeño. Su papá había muerto en un accidente causado por un caballo.

Tan pronto como entraron a la vivienda, sus compañeros empezaron a llegar. La voz de que Cristóbal de la Trinidad se encontraba allí se había regado, y todos deseaban verlo y hablar con él. Los primeros en llegar fueron unos cuantos ancianos, con sus mujeres. El más viejito de todos se sentó sobre un banco de madera, sacó su *cachimba*, y se puso a fumar.

–Y, ¿cómo vamos? –preguntó don Cristóbal sentándose a su lado palmoteándole la espalda. El viejo lo miró con sus ojos nublados y una sonrisa que arrugó toda su cara y respondió:

–Un poquito mejor, Cristóbal, un poquito mejor... gracias a *tú*.

Y en ese momento todos comenzaron a hablar, a contar noticias y a agradecerle a don Cristóbal. Y es que Cristóbal de la Trinidad era un verdadero líder que se había puesto al servicio de sus hermanos desde joven, y aún anciano seguía luchando por ellos. Mientras conversaban, la mamá no dejaba de preocuparse de que don José, el mayordomo, entrara de un momento al otro; pero cada vez que mencionaban esta posibilidad, Bellita repetía completamente segura que el mayordomo no iba a encontrar al abuelo. La gente sonreía, pero el miedo aparecía en los ojos y las voces se volvían susurros, y los oídos se aguzaban para detectar cualquier ruido sospechoso.

La mamá de Bellita llevó a la niña a prepararla para celebrar su santo. En la mano sostenía el saco de yute que el abuelo trajo con el regalo de Mamá Grande. Bellita salió, puso agua en una escudilla de madera, y se lavó la cara con mucho esmero. Luego, regresó a la vivienda y se fue detrás de una cortina que separaba el ambiente del pequeño cuarto. Tenía que ponerse una ropa especial para la ocasión. Se puso una falda de tela de lunares, que le había achicado su mamá de una suya, y una blusa rosada, que estaba hábilmente confeccionada con tela de las fundas de una harina llamada "Flor". En una manga se podía ver parte del dibujo de una flor blanca, y esto le gustaba a Bellita porque le parecía un bonito adorno.

Llegó el momento de sacar el regalo de Mamá Grande. La abuela había elaborado la tradicional corona y rosario de caramelo, con una cruz muy grande al final. Bellita se colocó la corona sobre la cabeza y colgó el rosario alrededor de su cuello, sosteniendo la cruz en una mano. La mamá alistó un pequeño mantel bordado y así abrieron la cortina y pasaron a donde estaba Papá Grande. Las visitas ya se habían marchado.

La niña se arrodilló en el suelo y puso la cruz de caramelo sobre el mantel. La mamá colocó algunas flores alrededor de la cruz.

–¡Viva la santa! –dijo el abuelo emocionado, tratando de mantener baja la voz.

Bellita sonrió a su abuelo con una sonrisa más dulce que el caramelo de su corona y rosario de santa. Cristóbal de la Trinidad se sintió el ser más afortunado del mundo. El hermanito pequeño se acercó gateando, atraído por la cruz y las flores, pero la mamá lo cargó para que no interrumpiera.

–¡Qué viva! –repitió la mamá entusiasmada, pero siempre con cuidado de no ser oídos, porque temían que el mayordomo se asomara cualquier momento en sus rondas nocturnas.

Pero en verdad no tenían por qué preocuparse. Precisamente en esos instantes, el malvado mayordomo se encontraba muerto de miedo encerrado en su habitación, rezando de rodillas delante de una estampa de la Inmaculada. Nada lo obligaría a salir esa noche, nadie. En el corredor de la casa, justo contra la puerta de su cuarto, había visto proyectada la temida sombra de un enano con un sombrero muy grande.

Un perro se puso a aullar, lo que acabó con los pocos nervios que le quedaban al mayordomo, quien se metió vestido en la cama, ocultando la cabeza entre las sábanas.

El perro protestaba entre aullido y aullido, porque los humanos habían colocado la ropa del amo, con sombrero y todo, en palos sobre la banca de madera donde él se acostaba a dormir.

Cristóbal de la Trinidad, apoyado por su valiente mujer Bernarda Loango Grijalba, fue un auténtico líder que siempre trabajó por el bien común.

El redoble de un tambor

Era la guerra de la Independencia, varias compañías de la milicia de los patriotas estaban formadas por soldados afroamericanos. Simón Bolívar había prometido la libertad a todos los negros esclavizados que se unieran a su ejército en contra de las huestes realistas. Estos valientes soldados, que marchaban al frente de las tropas, muchas veces eran los primeros en caer bajo el fuego enemigo.

Martín Mina tenía doce años, una casaca agujereada de soldado realista, un tambor militar y una gran tristeza. La casaca y el tambor los había recogido el día anterior, la tristeza la llevaba desde que nació.

–Tam-patatam-patatam-tamtam.

El chico marchaba al redoble de su tambor por los caminos polvorientos. Se había escapado de una casa en la capital, donde servía como caballerizo, y ahora subía por las laderas del Pichincha, para unirse al ejército del Libertador.

–Tam-patatam-patatam-tamtam.

El camino terminó en una cascada de agua

saltarina y tuvo que continuar por la ladera del volcán que estaba cubierta por maleza. Martín caminaba con tanta decisión que no sentía que su ropa iba quedándose en jirones en las ramas, como banderitas que ondeaban al viento.

–Tam-patatam-patatam-tamtam.

Libertad... Libertad... Li-ber-tad, Li-ber-tad. Su corazón latía más fuerte al tocarla en su tambor, y cuando la pronunciaba con sus labios, *Liber-tad,* adquiría alas y volaba de su boca a sus pies y le hacía caminar más rápido, más rápido hasta que el caminar se convertía en un trotecillo, y el trotecillo en una carrera que aumentaba el número de banderitas que dejaba a su paso... Y el tambor dejaba de tocar porque también corría junto a él, saltando desde la cuerda que lo sostenía sobre su hombro.

Las nubes bajaron sobre el páramo y se acurrucaron entre los pajonales. Hacía frío. Martín abrochó los botones dorados de la casaca azul. No tenía idea por dónde iba, sólo sabía que tenía que seguir subiendo. A lo lejos escuchó el relinchar de caballos. Él conocía bien lo que querían decir: "vamos, vamos, estamos listos para partir". Martín apuró el paso y llegó a un lugar donde había algunas tiendas de campaña. La bandera tricolor, amarilla, azul y rojo, ondeaba sobre una de ellas.

–Tam-patatam-patatam-tamtam.

Martín tocó su tambor porque creyó que era la mejor manera de presentarse. Varios soldados de uniformes verdes de manufactura casera, se acercaron hacia él para ver qué sucedía. Sonrisas bonachonas y golpes en la espalda. Le llamaron el soldadito del tambor y le dieron un jarro con agua de canela caliente. Fue a ver a los caballos y los acarició. Los caballos continuaban impacientes y nerviosos. Martín redobló su tambor suavemente y los caballos recordaron cuando corrían con el viento enredándose entre sus crines, y alzaron las patas y relincharon contentos.

Algunos soldados negros rodearon al niño. Uno de ellos tomó el tambor y comenzó a tocarlo con sus manos. No necesitaron ponerse de acuerdo; solo les bastó con mirarse unos a otros y se pusieron a bailar. Sabían que iban a enfrentarse a la muerte, pero su alma africana los impulsaba a celebrar la vida.

La noche llegó junto con las últimas notas del tambor y los soldados se retiraron a dormir. Martín Mina se acostó junto a una fogata, puso la casaca como almohada y se quedó dormido en el suelo donde estaba acostumbrado a dormir. El tambor se quedó silencioso, esperando con ansias que el niño despertara para volver a sonar.

Cuando Martín despertó, fue a buscar a sus compañeros negros. Los encontró listos, perfectamente formados, las armas relucientes y los pies descalzos. El niño se puso junto a ellos a esperar órdenes. El resto de los soldados se alistaron. Los oficiales montaron sus caballos y uno de ellos los inspeccionó. Era el mariscal Antonio José de Sucre. Llovía y siguió lloviendo durante todo el día. El ejército de casi tres mil hombres empezó a moverse. Los soldados negros iban primero con Martín por delante redoblando su tambor.

–Tam-patatam-patatam-tamtam.

El ataque de Sucre, desde el volcán, fue una sorpresa para los soldados realistas que no lo esperaban por ese lado. Los patriotas lucharon valientemente todo el día y el Pichincha vio héroes a *millares surgir*, varios con rostros africanos, pero sin un nombre para la historia.

Al final de la batalla, Martín Mina se unió a su compañía para reportarse. Muchos habían muerto, entre ellos el hombre que la noche anterior había tocado su tambor. El niño se sintió triste acordándose de él. Le había contado que venía del Chota, al otro lado de las montañas.

Martín Mina miró hacia el horizonte y redobló su tambor.

–Tam-patatam-patatam-tamtam.

Por alguien que tuvo un sueño
un sueño de li-ber-tad,
aunque nunca fuera el dueño
de su propia li-ber-tad.

–Tam-patatam-patatam-tamtam.

Aunque el Ecuador se independizó de España el 24 de Mayo de 1822, al pueblo negro ecuatoriano no se le concedió su libertad sino hasta el año 1854, bajo la presidencia del general José María Urbina, sexto presidente del Ecuador.

Dominga y don Simón

—Ave María Purísima... las doce y sin novedad...

El sereno anunciaba la llegada de la medianoche en la ciudad de Bogotá. El nuevo día, septiembre 26 de 1828, aparentemente nacía tranquilo.

Aparentemente, puesto que un grupo de hombres armados con sables y pistolas avanzaban sigilosamente por las silenciosas calles. Llegaron hasta la Plazuela San Carlos y se dirigieron hacia la casa de Simón Bolívar. Era una hermosa casa de dos pisos. El patio principal estaba cercado por una verja de hierro y en el medio había una fuente rodeada de rosas y claveles. Algunos centinelas montaban guardia.

Los conspiradores se detuvieron debajo de una de las ventanas.

Los centinelas escucharon los pasos y dijeron el consabido "¿Quién vive?", esperando escuchar la consigna de "El Libertador"; pero en respuesta los conspiradores atacaron a los guardias, los dejaron malheridos, y entraron a la casa en busca de Bolívar con la intención de asesinarlo. Manuela Sáenz, compañera de Bolívar, escuchó la bulla, se dio cuenta de lo que sucedía, y fue a advertir a Bolívar que se encontraba durmiendo en sus aposentos. Manuelita obligó a Bolívar a huir, mientras ella, con un sable en la mano, detenía a los traidores. Simón Bolívar escapó, saltó por una ventana del primer piso, y se dirigió hacia el puente del río San Agustín acompañado por su leal compañero, el negro José Palacios. Pensaba quedarse escondido allí y esperar el desarrollo de los acontecimientos.

Mientras Bolívar saltaba por la ventana, era observado atentamente por una niña negra. Estaba subida a la verja de hierro, donde la había llevado su curiosidad. Era Dominga, una de las niñas huérfanas que Manuela había recogido.

Dominga saltó de la verja y corrió silenciosamente con sus pies desnudos, siguiendo la figura de Bolívar que desaparecía entre las sombras. Lo vio llegar hasta el puente y bajar hacia la orilla. La niña se detuvo y escuchó atentamente. Era obvio para ella que Bolívar se había escondido bajo el puente. Esperó un momento más, se dio media vuelta, regresó a la casa y se metió por la ventana de la cocina, que quedaba en la parte de atrás. De allí se fue a su habitación, tomó una cobija de su cama, la envolvió cuidadosamente, y la puso bajo un brazo. En el segundo piso los traidores gritaban insultos contra Manuela Sáenz.

La niña volvió a salir por el mismo lugar por donde entró. Al no encontrar a nadie, corrió otra vez en dirección al río. Se agachó sobre el puente y miró hacia abajo. Las figuras de dos hombres, hundidos hasta las rodillas en el fango de la orilla, apenas se distinguían en la oscuridad. Dominga no sabía que José Palacios, esclavo liberto y uno de los hombres más leales a Bolívar, se había unido a él mientras esperaban el desarrollo de los acontecimientos. Cuando Dominga se puso de pie, una piedra suelta resbaló hacia el agua.

–¿Quién vive? –la voz del negro José Palacios sonaba firme, con coraje.

Dominga no contestó de inmediato. Se sentía inquieta. Había divisado dos hombres y no uno, como ella esperaba, y quería asegurarse de que quien se hallaba escondido allí era el Libertador, pero esa no era su voz… Se dejó resbalar por un lado del puente y se arrastró a gatas.

Lentamente se fue acercando. Vio que solo quedaba un hombre y se preguntaba dónde podía estar el otro, cuando una mano pesada cayó sobre su hombro agarrándola con fuerza.

Dominga lanzó un grito.

–Shhhh, no grites, –le susurró una voz al oído.

–¿Quién es, José? –preguntó Bolívar desde la orilla.

José lanzó una exclamación de sorpresa y enojo.

–Es Dominga, una de las negritas huérfanas de doña Manuelita, –contestó.

Bolívar se acercó preocupado. –¿Qué haces aquí, criatura? ¿Acaso te envía Manuela?

–No, señor, don Simón, nadie me envía. Yo sola vine por mi voluntad para... –la niña enseñó la cobija bien envuelta– como lo oigo tosiendo y hace bastante frío...

Bolívar sonrió, con esa sonrisa triste que tenía, y aceptó la cobija que la niña le enseñaba y se la puso sobre los hombros.

–Gracias, Dominga, muchas gracias.

–Diablillo de negrita, ¿cómo se te ocurre venir acá? Es que no te das cuenta que es peligroso? –la amonestó José–. Regresa a la casa... pero no, alguien puede verte salir de aquí... mejor espera hasta ver qué pasa. Pero calladita, ¿no?, ¿comprendido?

–De todas maneras no pensaba regresar a la casa hasta que don Simón regrese también. ¿No ves que yo puedo hacer guardia a su lado, José? –protestó la niña– Si yo soy soldado, igual que la Jonatás y la Natán que son valientes y usan uniforme, –continuó refiriéndose a las negras que vivían con Manuelita.

–¡Cómo hablas niña! –dijo José con impaciencia.

–¡Déjala hablar! –exclamó Bolívar y se dirigió a Dominga–. Mientras lo hagas en voz baja puedes hablar, pero en voz baja, ¿eh? Tu conversación me hará olvidar la tristeza que tengo en el corazón.

Los tres se sentaron juntos, bajo los pilares del puente. La noche era fría, con una llovizna que no cesaba.

–¿Quiere que le cuente una historia? –preguntó Dominga dirigiéndose a Bolívar.

Los ojos de Dominga brillaban entusiasmados en la oscuridad.

El Libertador sonrió. –Bueno, –contestó simplemente.

–Es una historia que contaban los antiguos. Mi abuela contaba y decía que a ella se la contó la abuela de su abuela. La historia de la…

¿tú la sabes, José?

–No, –respondió cortante José, que no estaba del todo convencido que deberían estar contando cuentos en esas peligrosas circunstancias.

–Muy bien, entonces les contaré a los dos. –La niña juntó sus manos sobre las rodillas y continuó–: Había una vez una princesa africana que fue capturada y traída a estas tierras como esclava en un barco sobre el mar. La princesa se llamaba Aboyami y no tenía miedo porque una maga, que era su madrina, le hacía compañía. Cuando llovía con rayos y truenos, la maga la abrazaba hasta que pasaba la tormenta. Así mismo, cuando las olas del mar se alzaban sobre el barco y querían tragarlo, la maga tocaba las aguas y se volvían tranquilas, y cuando el viento soplaba y soplaba fuerte, la maga le ordenaba que se calmara porque ella era dueña de los vientos. Cuando llegaron a tierra, la maga se le apareció por última vez a la princesa, y le dijo que no se preocupara, que algún día ella y su gente iban a ser libres otra vez. Pero a la maga le daba tanta pena ver a la princesa convertida en esclava que se puso a llorar, y sus lágrimas eran iguales a las semillas del calabazo y cada vez que una caía a la tierra se convertía en una planta. La maga le dio a la princesa varias de sus lágrimas, es decir las semillas, y le dijo que las escondiera entre el pelo para que no se las quitaran, y que las debía sembrar en la nueva tierra. La princesa sembró las semillas y de allí nacieron todas las plantas de calabazo que hay ahora… y se acabó la historia.

–Qué historia tan interesante… –comentó Bolívar– y la cuentas muy bien, Dominga. Gracias.

–Ahora yo quiero que usted me cuente algo.

–Dominga buscó en la oscuridad los ojos de Bolívar.

–Me temo que yo no sé cuentos ni historias como las tuyas.

–No, no estaba pensando en cuentos; es una pregunta.

–A ver… pregunta.

–¿Por qué no ha liberado a todos los negros también?

–Niña maleducada, ¿qué clase de pregunta es esa? –Exclamó el negro José, olvidándose por el momento de no hablar fuerte.

Dominga bajó la cabeza avergonzada.

Bolívar se quedó pensando, acariciándose la barbilla con un gesto muy suyo.

–Todos los negros de mi ejército son libres. Son soldados. Y están entre los soldados más valientes que tengo, –razonó el Libertador.

–Pero… –Dominga regresó a ver al negro José, y acercándose más a Bolívar preguntó en voz bajita–: ¿y… los otros?, ¿los que no son soldados?

José trató de protestar nuevamente, pero un gesto de Bolívar lo detuvo.

–Mi sueño era una América libre, Dominga. Una América enteramente libre. Ese es mi sueño. Pero a veces, aunque tengamos el deseo, los ideales, la fuerza para seguir, los sueños no se cumplen, quizás porque en ocasiones tus propios amigos te traicionan.

Los tres se quedaron silenciosos sentados bajo el puente. José lleno de lealtad, Dominga de fantasía y Bolívar de sueños rotos…

Yo conversé con la Luna

—¡Cuenta un cuento, cuenta un cuento, tío Hermógenes!

—Pero no para hacernos estudiar.

—Sí, cuenta un cuento–cuento.

—Con que quieren un cuento–cuento. Les voy a contar de cuando yo conversé con la Luna. El viejo sonríe con picardía, se sienta sobre una piedra en la playa del río y comienza su relato:

—"Hermógenes" –me llamó la Luna por mi nombre y me asusté bastante, porque pensé que podía ser la Tunda, que quería llevarme con ella al monte. Pero la voz sonaba como campanillas, de esas que tocan en la misa y eso me tranquilizó un poco. –"Hermógenes, escúchame: quiero conversar contigo", dijo otra vez la Luna.

—Ahhhhhh, ohhhhhh… –dice el grupo de niños y niñas que escuchan el relato esa noche de verano. Se acercan más aún al viejo Hermógenes que pone tabaco en su *cachimba*, raspa un fósforo contra una piedra y la prende; aspira unas tres veces, bota el humo y continúa: –"¿De qué quieres conversar, Luna?" –le pre-

137

gunto, y ella nada me responde. Le vuelvo a preguntar y solo me contesta el río que corre y corre. Pero yo sé que si la Luna quiere hablar me va a hablar, y espero, quieto, sentado en el mismo lugar, y pienso que tengo catorce años, y que estoy de regreso de una guerra.

Una niña pregunta que por qué se fue a la guerra siendo tan chiquito. El viejo Hermógenes suspira, baja la mirada y menea la cabeza de lado a lado.

—Mi mamá se había muerto y mi papá estaba enfermo y no podía comprar su libertad en la mina de oro donde trabajaba. Aunque decían que ya no había esclavitud, en esas épocas todavía muchos negros estaban casi, casi esclavizados. Existía una ley aquí que se llamaba *concertaje*, que quería decir *acordar*, es decir llegar a un acuerdo entre dos personas. Con esta ley decían que iban a permitir a los negros que compraran su libertad y, claro, como no teníamos plata...

—¡Uyyyyy! —exclaman los niños— ¡Uyyy-yuyuyyy!

—... Teníamos que trabajar para el amo hasta pagar nuestra libertad. Los negros sufríamos mucho por esto y cuando escuchamos que el coronel Carlos Concha iba a liderar una revolución contra el gobierno, pensamos que ahí estaba la oportunidad de lograr nuestra completa libertad, y nos unimos a él. Había muchos líderes negros en esa guerra, pero los más importantes eran Federico Lastra y Sacramento Mina. Yo me fui con el mayor Federico Lastra que era muy, muy alto, de grandes manos y grandes pies. ¿Quieren ver cómo era de grande? –el viejo interrumpe su relato y pide a un niño que se suba sobre sus hombros–. ¡Así de grande! –dice poniéndose de pie– ¡Así de grande! ¡Dos metros medía!

–¡Mmmmmm, mmmmmm... ! –Pujan los niños.

–Lastra tenía los pies tan grandes que no encontraba botas para ponerse, y la chaqueta militar no le cerraba. Llevaba la gorra amarrada firmemente en la cabeza y montaba un caballo blanco, brioso, que solo se dejaba montar por su dueño. Todavía lo veo: recio sobre su caballo, con el sable desenvainado desfilando frente al Municipio de Esmeraldas, seguido por más de mil negros armados con machetes. Yo mentí sobre mi edad; dije que tenía quince años. Me dieron un machete y me uní a ellos esa misma tarde.

–Como el coronel Concha dominaba totalmente el territorio de Esmeraldas y parte del norte de Manabí, el gobierno decidió atacar por

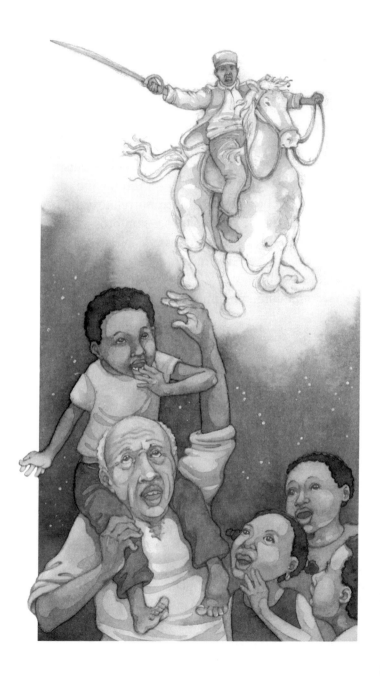

el mar, y envió muchos barcos, entre ellos al famoso *Libertador*, uno de los barcos más grandes, para que bombardearan la ciudad de Esmeraldas. Pum, pum, pum, caían las bombas y destrozaban las casas.

–¿Y las calles? –Pregunta un niño.

–¡Ja, qué calles, *mijito*!, si no había calles pavimentadas en todita la ciudad. Los niños caminaban a la escuela con el lodo hasta las rodillas y los zapatos amarrados al cuello. Tampoco nos habían dado luz eléctrica, ni agua potable, ni teléfonos, ni carreteras. De vez en cuando llegaban unos barquitos que demoraban cinco días en su viaje desde Guayaquil... No, no teníamos nada, nada, nada. Esmeraldas era una provincia olvidada y maltratada.

–Imagínense que hasta las autoridades, como el gobernador o el intendente de policía, no eran escogidos entre la gente de Esmeraldas, sino enviados desde Quito, Guayaquil o Cuenca. Y nosotros, los negros, nosotros... –el viejo Hermógenes baja la voz dolido por los recuerdos– éramos apaleados, castigados, multados...

–¡Uyyyyy! –exclaman los niños– ¡Uyyyyuyuyyy!

–Por esta razón, para nosotros, la Revolución

de Concha fue vista como una oportunidad para defender nuestros derechos en contra de quienes nos habían ofendido y para *liberarnos* de una buena vez. Por eso cantábamos cuando íbamos por el río:

Ya llegó el *Libertador*,
salten la ametralladora,
que la guerra está trabada
entre don Concha y Ayora.

–Ayora era el intendente de policía de esa época que trataba tan mal a los negros, y el *Libertador*, el barco del cual les estaba hablando...

–Y qué pasó cuando llegó el *Libertador* y los otros barcos, ¡cuenta, cuenta! –piden los niños.

–Pues, los revolucionarios impedimos que los gobiernistas desembarcaran después del bombardeo, y los barcos tuvieron que quedarse navegando a lo largo de la costa, hasta que recibieron órdenes de irse a desembarcar en Atacames, y desde allí dirigirse a Esmeraldas. Al saber esto, nos fuimos a la otra orilla del río, a Tachina, y desde allí seguimos planeando los ataques. Hicimos un campamento en lo alto del Cerro de Las Piedras, y pusimos el único cañón que teníamos a disparar contra las embarcaciones que se atrevían a entrar al puerto. Pero los gobiernistas subieron por el otro lado del cerro, nos atacaron con su artillería y tuvimos que huir...

–¡Patas para qué las quiero! –gritan los niños y corren en círculos haciendo gestos exagerados de miedo. El viejo se ríe a medias de la inocencia de los niños... –el miedo, el miedo puede ser cosa seria, –les dice–. El miedo se te enrosca en el corazón como culebra de monte, especialmente por la noche, mientras subes por la ladera de un cerro para tomar un campamento enemigo. Te arrastras por el suelo y te detienes: escuchas..., sigues arrastrándote y te detienes: escuchas. Ya nos agarraba la madrugada y estábamos muy cerca del tope del cerro donde estaban los gobiernistas atrincherados, cuando de repente... zuuuu-umm, vuela por el aire una bola de fuego hecha con papel y trapos, que iluminó todo. Creo que los gobiernistas se sorprendieron tanto como nosotros al vernos cara a cara. –El viejo Hermógenes calla. Vuelve a poner más tabaco en su *cachimba*, pero no puede prenderla porque los fósforos se han acabado; entonces, la deja apagada colgando de un lado de su boca.

Los niños contienen la respiración. Sienten que están en el momento cumbre de la historia.

–Ahhh... El río se llenó de muertos que flotaron hasta el mar. La guerra duró dos años más, y cuando terminó regresé otra vez. La mina ya no existía, los dueños se habían marchado por causa de la guerra, y mi papá y yo nos pusimos a trabajar como peones en una hacienda... en las mismas condiciones que antes. Los negros habíamos puesto los muertos en la guerra pero no habíamos logrado nada, porque nada cambió para nosotros en esos tiempos.

–¡Oiyyyy, oiyoyoyyy! –exclaman los niños.

El viejo Hermógenes da un aplauso con sus manos, como para espantar los pensamientos tristes, sonríe, y pide a un niño que le traiga fósforos.

–En cuanto a la Luna, ¿se acuerdan?, ¿cuando la Luna me llamó por mi nombre y yo me quedé esperando a ver qué quería decirme? Sí, era justamente apenas cuando yo había regresado de la guerra. Pues era de noche, claro, y yo estaba sentado junto a la orilla del río. "Hermógenes, quiero invitarte a subir a mi firmamento", dijo la Luna. Y yo, sorprendido, le dije que cómo iba a hacer algo así, que ni siquiera subiéndome al *pambil* más alto, podía tocar el cielo. "Es que quiero conversar contigo", me insistió la Luna. "Cierra los ojos", me pidió, y apenas los cerré, sentí que me elevaba, volaba y volaba y cuando abrí los ojos estaba en medio del firmamento.

El viejo Hermógenes mueve los brazos como si estuviera volando y los niños hacen lo mismo en medio de risas.

–Me encontré con la Rosa de los Vientos, y vi dónde vivían el relámpago y el trueno. Luego vino San Antonio y me preguntó por mi salud, y la Virgen de la Custodia me dio la bendición. –El viejo se pone de pie y declama–:

> Vi el palacio central
> de los ángeles del cielo
> vi a mi padre San Pedro
> de rodillas en su altar.
> Vi la corte celestial
> y conocí los conventos.
> Vi a Cristo, Señor Nuestro,
> en un palacio de estrella
> y en una noche muy bella
> me subí a los elementos.*

Los niños aplauden encantados, pero gritan e insisten: –¡¿Qué te conversó la Luna?!

El viejo se ríe, chupa su pipa y sopla el humo.

–"¿Has visto que me gusta salir cuando el cielo está oscuro?" –me dijo la Luna. Yo le contesté

---

*Tomado de las décimas esmeraldeñas.

que sí me había dado cuenta de eso. "Es que mi madre es la noche", continuó la Luna, "y de noche es el mejor momento para contar cuentos a los niños, y como yo soy una niña... me gusta escuchar cuentos mientras mi madre me acuna", y me pidió que contara cuentos.

−¿La Luna te pidió que cuentes cuentos a los niños por la noche? −preguntan los niños encantados.

−Sí, me pidió que cuente cuentos−cuentos.

−¡Qué bueno que no te dijo que nos hagas estudiar!

Cuando el viejo Hermógenes llegó a su casa, su mujer lo estaba esperando preocupada porque ya era tarde y su encocado de pescado se había enfriado. −¿Dónde estabas, viejo? −Le preguntó.

El viejo Hermógenes alzó una mano y señaló hacia el cielo.

−Allá en el firmamento, vieja. La Luna me estaba esperando para poder conversar.

El camino

La *ranchera*, el bus típico de Esmeraldas, subía alegre por la montaña rompiendo la niebla temprana del amanecer. En cada curva el chofer tocaba la bocina, y los pasajeros que iban en el techo se agarraban fuertemente, inclinándose hacia el lado contrario para no caerse, y sus risas saltaban y se quedaban suspendidas en los racimos de plátanos a cada lado del camino.

Dentro del bus, entre una señora con dos chanchitos pelirrojos y un viejo cartero que llevaba cartas con dos meses de retraso, iba sentada Inés María. Era su primer día de trabajo y estaba un poco nerviosa.

La *ranchera* llegó a su destino, una pequeña población rodeada de árboles, mangos y platanales. Su armazón de madera se sacudió por el frenazo y el motor tosió un humo denso, antes de detenerse por completo. Los pasajeros desembarcaron por los lados descubiertos charlando alegremente, despidiéndose hasta el recorrido de la tarde.

Inés María se quedó de pie junto al bus, apretando su mochila llena de libros. Le habían dicho que alguien la estaría esperando para llevarla a la escuela donde ella sería maestra, la nueva maestra. Pasaron algunos minutos y nadie llegó. Inés María miró su reloj, no quería llegar tarde el primer día de clases. Sabía que estaba a cargo de cuarto y quinto años, pero no sabía cuántos estudiantes eran y ni siquiera dónde quedaba la escuela.

Los pies empezaron a dolerle, miró sus zapatos, eran nuevos, blancos, con un pequeño tacón para aparentar más edad de la que tenía. Pasaron los minutos. Había llovido la noche anterior y sus zapatos empezaron a hundirse en el lodo. Un mosquito le pasó zumbando por la nariz. Ella lo agarró con una mano al vuelo, con la habilidad de una cazamosquitos consumada.

El día se estaba poniendo caliente y se arrepintió de haberse vestido con saco y pantalón. Se quitó el saco y lo puso en la mochila. Pasaron los minutos. Se sacó los zapatos, los amarró de las hebillas, uno con el otro y se los colgó al cuello, como cuando era niña y tenía que caminar a la escuela por el lodo. Ya era tarde y sabía que llegaría atrasada.

Inés María se dispuso a caminar en busca de la escuela. Se había preparado tanto para ese día... sabía de memoria lo que iba a decir a los niños y niñas, después de presentarse y antes de comenzar con las clases:

–Niños y niñas, antes de estudiar todas las materias que tenemos que aprender en cuarto y quinto años, debemos aprender algo muy importante para el pueblo negro. Así que presten atención: –aquí, Inés María, pensaba hacer una pausa y aumentar el tono de voz– el abuelo Zenón, que nos dejó su sabiduría nos dijo: *¡aquel que no sabe de dónde viene no sabe a dónde va, y si no sabe a dónde va, está perdido!* Ustedes y yo vamos a aprender de dónde venimos y a dónde queremos ir, para así encontrar nuestro camino.

Inés María había soñado desde niña ser maestra y ahora, recién graduada, esperaba con ansias cumplir su sueño, un sueño que abriría caminos... Ella pertenecía al grupo de jóvenes que, orgullosos de ser negros, querían enseñar a los niños y niñas sobre su historia, sus raíces, los aportes que su pueblo ha hecho a su país y al mundo. Existían tantos absurdos en los textos escolares, como decir que la "madre patria" era España... cuando en realidad la madre patria para el pueblo negro era África. La joven sacudió su cabeza desalentada. Había tanto que hacer y tanto que aprender. No, pensó, tanto que rehacer y volver a aprender.

La joven se internó por un sendero en medio de la maleza. A lo lejos escuchó voces de niños y le pareció que la escuela debía quedar en esa dirección. No había caminado mucho, cuando en una vuelta se encontró con un niño negro que llevaba un extraño sombrero en la cabeza; parecía un bonete de mago, era azul, puntiagudo y tenía dibujadas estrellas amarillas y una media luna. El niño no se movió del camino y la miró con expresión seria.

–Hola, soy la maestra nueva. Me puedes llevar hasta la escuela, –dijo Inés María aliviada por haber encontrado a alguien que la pudiera guiar.

El niño le contestó el saludo en un lenguaje extraño, acomodándose el bonete que se le había resbalado hacia un lado.

Inés María volvió a repetir la pregunta y esta vez el niño contestó:

–Te llevaré donde te interesa ir. –Se dio la vuelta y empezó a caminar por el sendero; para asegurarse de que ella lo seguía, la regresaba a ver de vez en cuando.

Una espesa niebla apareció misteriosamente y cubrió el lugar, el niño parecía saber exactamente por dónde ir, porque caminaba sin titubear o detenerse.

Inés María escuchó ruidos y percibió olores que no conocía, pero, cosa rara, sentía como si caminara por un sendero conocido. Llegaron al borde de un abismo y la niebla se disipó. Desde allí se veía una tierra hermosa y fértil. La joven nunca se hubiera imaginado que la pequeña aldea quedara cerca de tan magnífico lugar.

–¿Está la escuela allá abajo? ¿Cómo se llama este lugar? –preguntó al niño que se había detenido y miraba hacia abajo con la mano sobre la frente, como buscando algo.

–El Sahara, –contestó él sin inmutarse.

–Ah, como el desierto del Sahara que queda en el África –repuso Inés María, pero le pareció muy extraño que nunca antes hubiera escuchado de ningún lugar de su provincia que se llamara así.

–Este es el Sahara que queda en África, –insistió el niño pacientemente.

–Pero… ¡el Sahara es un desierto y además no estamos en África! ¿Tú bien sabes que no estamos en África, no? –exclamó ella, sintiendo que perdía un poco la paciencia–. Quiero llegar pronto a la escuela y me parece que este no es momento para juegos.

–El desierto del Sahara no siempre fue un desierto, –explicó el niño sin dar importancia a la pregunta–. Hace miles y miles de años, fue tierra muy fértil, con seres humanos de diferentes culturas que vivían allí.

Inés María se sentó sobre una roca saliente. Algo le decía que este niño no era un niño cualquiera.

–¿Quién eres? –preguntó mirándolo fijamente a los ojos.

El niño se sentó a su lado. Se arregló nuevamente su bonete azul que parecía tener problemas con quedarse derecho sobre su cabeza, y le dijo:

–Tú me conoces y me estabas pensando hace un momento, cuando caminabas en busca de la escuela.

Inés María miró hacia el suelo, concentrándose, ¿en quién había estado pensado... ? El nombre del abuelo Zenón le vino a la memoria. Y el niño, adivinando sus pensamientos, le dijo:

–Sí, yo soy él.

–Pero, el abuelo Zenón es un abuelo, o sea un viejito, y ¡tú eres un niño!

–Ah, soy uno de los espíritus de la sabiduría de nuestro pueblo, no tengo edad. Tú me ves así porque amas a los niños y eres maestra, otros me ven como un abuelo. ¡Qué importa eso!

La joven sintió que nada podía sorprenderla ya.

–¿Y me vas a decir que por medio de magia estamos en África en vez de Esmeraldas?

El niño no contestó directamente, sino que se levantó de un salto y tiró de la mano de la joven para que se incorporara.

–¡Mira hacia allá!

El paisaje había cambiado y ahora se veía una extensión enorme de tierra cubierta por hierba alta y verde. Inés María miró que grandes rebaños de gacelas corrían por la sabana, seguidas por cebras, elefantes y jirafas.

–Huyen de los leones, –dijo el niño, y un rugido potente y majestuoso se expandió por la tierra.

–Bueno, me has convencido, –dijo Inés María que se preguntaba si se había quedado dormida en el bus mientras viajaba.

–La Madre África –dijo el niño, abriendo sus brazos como para abarcar el paisaje–. ¿Sabes que África es la cuna de la humanidad? ¿Que los primeros seres humanos nacieron en África?

–preguntó el niño y continuó– ¡La primera mujer y el primer hombre fueron negros!

Inés María sintió un dulce cosquilleo en su corazón y miró hacia el horizonte. ¡El paisaje había cambiado nuevamente! Ahora se veía un río hermoso, bordeado de sembríos y en la lejanía unas pirámides.

–¡Egipto!, esas son las pirámides de Egipto, ¿verdad? –dijo la joven sin poder contener su entusiasmo, sueño o no, era maravilloso ver este espectáculo que parecía salido de una película.

El niño asintió con la cabeza.

–Lo que estás viendo es nuestra historia. Allí está Egipto y ese es el río Nilo. Hubo una época en la cual Egipto fue dominado por los africanos del reino de Kush.

–¡Nuestro pasado...! –exclamó la joven con mirada soñadora.

Y así el niño del bonete azul con estrellas le contó a la joven de los grandes imperios africanos: el de Ghana, de Malí y de Songhay, de los reinos grandes y pequeños. Hablaron del gran Zimbabwe y el del famoso reino del Congo, de Oyo de los Yoruba, y las grandes ciudades como Timbuktu, Gao, Jenne, Walata, Kano, Benin y muchas más. Inés María se sintió transportada a estos lugares y se vio vestida con elegantes ropajes, caminando por calles hermosamente pavimentadas, y viviendo en casas adornadas con bellas esculturas de madera y por un momento olvidó que era una maestra en su primer día de clases, de una escuela que no había encontrado todavía.

–De todas maneras, tenemos que recordar que en los siglos XVI y XVII, cuando los europeos vendían a los africanos como esclavos, África no estaba poblada por "salvajes". Esto era un mito inventado por los europeos, para aprovecharse de nosotros, –la voz del niño la despertó de su ensueño.

Un tambor sonaba en la lejanía. El niño le sonrió y empezó a caminar de regreso por el mismo camino que habían llegado. Antes de seguirlo, Inés María miró una vez más hacia el horizonte, pero solo vio una plantación de cacao. En un recodo del camino, se encontraron con varios niños y niñas que la saludaron y la rodearon. Buscó con la mirada al niño del bonete azul con estrellas amarillas, pero ya no estaba allí. Los niños la llevaron por un sendero hacia la escuela. Era una pequeña estancia compuesta de tres cuartos, paredes de caña y techo de hojas de palma.

Inés María entró seguida de las niñas y niños. En los otros cuartos, dos maestros estaban dando clases. Luego de que los niños se sentaran en los viejos pupitres hechos de toscas maderas, la joven se aclaró la garganta.

–Mi nombre es Inés María, y estoy muy contenta de ser su maestra, –dijo sonriente– pero antes de estudiar todas las materias de cuarto y quinto años, debemos aprender algo muy importante para nosotros, el pueblo negro…

Terminadas las clases regresó esa tarde a Esmeraldas. Hacía mucho calor y le provocó ir a la playa. El sol, todo enorme y anaranjado, estaba preparándose para darse su chapuzón diario y se despedía del día. Su luz reflejada en las aguas del mar, parecía un camino dorado que iba desde la playa hacia el horizonte. Inés María se quedó mirando el atardecer desde la orilla del agua. Miró hacia el camino luminoso sobre las aguas y le recordó el camino que su pueblo había estado buscando. Sonrió, alzó los brazos sobre su cabeza y de un salto se zambulló en las aguas del mar.

El sueño

Fernando Quiñónez tenía un sueño que siempre soñaba. Noche tras noche el sueño venía a visitarlo. Soñaba que estaba navegando en el mar y que un delfín nadaba junto al barco y le contaba historias. Fernando había llegado a amar al delfín de su sueño y cada noche esperaba con ansias volver a soñarlo. Pero no era sorprendente que Fernando amara al delfín, porque su corazón siempre estaba dispuesto a amar.

Fernando era estibador en el puerto de Guayaquil. Un día fue de visita a Esmeraldas, a ver a su *agüelita*, su abuela vieja y reumática. Era domingo y la anciana llevó a Fernando a misa. Era una nueva misa, dijo, una misa que *sentía*, que *vivía*; donde la gente alababa a Dios a su manera, en su *propia* manera.

En la iglesia, mujeres, hombres, niñas y niños vestidos con sus mejores ropas, se miraban unos a otros sonrientes, contentos de estar juntos, unidos. Una luz cálida, que no venía de los cirios encendidos, daba al lugar una luminosidad especial. Fernando se preguntó si la luz saldría del corazón de todas aquellas personas.

Entró el sacerdote y comenzó la misa. Un grupo de chicas hizo su aparición bailando al son de la *marimba*. La iglesia se llenó de música alegre y saltarina: las faldas giraban y las voces cantaban mientras las palmas golpeaban siguiendo el ritmo.

Era una misa *afro*, donde el baile y la música son parte de las alabanzas a Dios.

El sacerdote empezó el sermón. Hablaba del amor, sobre la lectura de la carta del apóstol Pablo: *"... aunque yo poseyera en grado sublime el don de ciencia y mi fe fuera tan grande como para cambiar de sitio las montañas, si no tengo amor, nada soy"*.

El amor inundó el corazón de Fernando, subió a sus ojos y se derramó en gotas saladas que resbalaron por su rostro. El sabor de las lágrimas le hizo recordar su sueño. De repente escuchó la voz del delfín. Fernando regresó a ver buscando por todas partes y, sorprendido, se dio cuenta de que era la voz de su abuela que rezaba a su lado.

¡La voz del sueño y la voz de su *agüelita* eran la misma voz! Sonrió y dos graciosos hoyos se formaron en cada una de sus mejillas redondas.

Esa noche, cuando Fernando volvió a soñar su sueño, le preguntó al delfín que por qué hablaba con la voz de su *agüelita*, y el delfín le dijo:

—Porque yo soy el espíritu de todas las *agüelitas* que has tenido desde hace muchos años.

—¿Y por qué vienes a mí en sueños? —Fernando preguntó en su sueño.

—Porque ya el círculo está por cerrarse...

—¿Cuál círculo? —preguntó Fernando.

—El que se inició hace mucho tiempo, cuando la humanidad creó a un monstruo de intolerancia y egoísmo, y por esto nuestro pueblo fue obligado a cruzar las aguas en su Viaje Amargo de Dolor. Hemos sido marginados, explotados, humillados y hemos sobrevivido a todo, porque nuestro pueblo tiene un corazón que sabe amar. Y el amor todo lo vence. Ahora hay que vencer al monstruo y aniquilarlo...

Fernando se despertó intrigado, preguntándose dónde iba a destruir a un monstruo. Se despidió de su abuela y regresó a Guayaquil. Se bajó del bus y empezó a caminar por las calles de la ciudad hacia el puerto, cuando encontró una muchedumbre detenida delante de un edificio en llamas.

La gente comentaba asustada pero nadie hacía nada, y los bomberos aún no habían llegado.

Alguien señaló hacia una de las ventanas. ¡Una anciana blanca y dos niñas gritaban asustadas desde la ventana del quinto piso! Fernando corrió hacia el edificio. Ágilmente empezó a trepar por las cornisas de la fachada del edificio unos quince metros, hasta llegar al quinto piso. Primero bajó a una niña, protegiéndola con su cuerpo y en seguida volvió a trepar.

El fuego lamía las paredes con sus lenguas anaranjadas, y un balcón se derrumbó en medio de chispas que saltaron sobre las cabezas de los curiosos. Fernando se limpió los ojos que le lagrimaban por el humo y continuó subiendo para rescatar esta vez a la otra niña. La gente gritaba y aplaudía. Y Fernando estaba de regreso, trepando con dificultad por el cansancio, el humo y el calor intenso, en busca de la anciana que ya no estaba junto a la ventana. El humo no le permitía ver bien, pero él sabía que la mujer todavía se encontraba dentro, puesto que no había manera de bajar por otro lugar. Se introdujo en la habitación en llamas. La gente gritaba desde abajo.

Con los ojos casi cerrados alcanzó a ver el cuerpo inerte de la anciana que estaba en el suelo, cerca de la puerta en llamas, al otro lado de la habitación. Fernando sintió el peligro en el que se encontraba, y le dio miedo.

Era tan fácil simplemente retroceder y bajar a la seguridad de la calle… pero Fernando dejó que su corazón decidiera. Se arrastró por el piso hasta llegar donde ella. Minutos después bajaba con la anciana en brazos.

Horas más tarde, luego de los aplausos de la gente, el agradecimiento de la familia y la entrevista con la prensa, Fernando caminaba otra vez por las calles. Le habían preguntad por qué había estado dispuesto a dar su vida por salvar a otros, y había dicho que le pareció importante hacerlo, pero le hubiera gustado añadir que era porque sabía amar; porque *tenía* amor para *dar*.

Fernando Quiñónez recordó su sueño, lo que le había dicho el delfín. Y se dio cuenta de que el amor era lo único que podía matar al monstruo de la intolerancia y del egoísmo. Pensó en su abuela, en su pueblo, en el espíritu de todos sus antepasados y sintió que a su corazón le salían alas de pájaro, y estuvo seguro de que si el corazón hubiera podido volar, se le habría escapado del pecho en ese instante.

Este cuento está inspirado en un hecho sucedido en Guayaquil el 11 de diciembre del año 2000; el personaje de la historia, Fernando Quiñónez, fue reconocido como héroe y se le otorgó una beca de estudios.

Bibliografía

- Balboa Cabello, Miguel. **Verdadera descripción y relación larga de la provincia de Esmeraldas y tierra de Esmeraldas**, Quito, Ecuador, Obras, Editorial Ecuatoriana, Vol. I, 1945.

- Centro Cultural Afroecuatoriano, **He oído el grito de mi Pueblo Negro**, Quito, Ecuador, Ediciones Afroamérica, 1992.

- Coba, Carlos Alberto, **Colección Pendoneros,** Otavalo, Ecuador, Instituto Otavaleño de Antropología, Editorial Gallocapitán, 1990.

- Consejo Nacional de las Mujeres, **Agenda política de mujeres negras del Ecuador,** Esmeraldas, Ecuador, Gráficas Iberia, 2000.

- Departamento Pastoral afroecuatoriano, **Espiritualidad afroamericana y expresiones religiosas**, Quito, Ecuador, Impresión Cristo Resucitado, 1995.

- Dormon, James H. y Robert R. Jones, **The afro–american experience**, New York, John Wiley & Sons, Inc., 1974.

- Fabre, Genevieve & Robert O´Meally, **History and memory in african–american culture**, New York, Oxford University Press.

- Ford, Clyde W. **The hero with an african face**, New York, Batam Books, 2000.

- Franklin, John Hope, **From slavery to freedom**, New York, Alfred. A. Knopf, Inc., 1969.

- Hidalgo, Laura, **Décimas esmeraldeñas**, Madrid, Visor Libros, 1990.

- Kasule, Samuel, **The history atlas of África**, New York, Macmillan, Inc., 1998.

- Konanz, Martha Escobar, **La frontera imprecisa**, Centro Cultural Afroecuatoriano, Quito, Ecuador, Ediciones Abya-Yala, 1990.

- Lucena Salmoral, Manuel, **Sangre sobre Piel Negra**, Quito, Ecuador, Ediciones Abya-Yala, 1994.

- Luciano Franco, Jorge, **Los palenques de los negros cimarrone**s, La Habana, Cuba, Comisión de Activistas de Historia, 1973.

- Ojeda San Martín, Carlos, **Importantes fechas de Esmeraldas**, Esmeraldas, 1997.

- Pérez Estupiñán, Marcel, **Historia general de Esmeraldas**, Esmeraldas, Universidad Técnica Luis Vargas Torres, 1996.

- Savoia, P. Rafaelo, (coordinador) **El negro en la Historia - aportes para el conocimiento de las raíces africanas en América Latina**, Centro Cultural Afroecuatoriano, Quito, Ecuador, Editorial Abya-Yala, 1990.

- Savoia, P. Rafaelo, (coordinador) **El negro en la historia - raíces africanas en la nacionalidad ecuatoriana**, Centro Cultural Afroecuatoriano, Esmeraldas, Ecuador, Imprenta Iberia, 1992.

- Thomas, Velma Maía, **Lest we forget**, China, Crown Publishing Group, 1997.

- Von Hagen, Víctor W., **Las cuatro estaciones de Manuela,** Buenos Aires, Editorial Sudamérica, 1998.

- Whitten, Norman E., Jr., **Pioneros negros**, Esmeraldas, Ecuador, Centro Cultural Afroecuatoriano, 1992.

168

Internet

- **African Slave Trade & European Imperialism**.
  Central Oregon Community College.
  http://www.cocc.edu/cagatucci/classes/hum211/
  timelines/htimeline3.htm

- **Cutting to the Essence, Shaping for the Fire.**
  http://www.fa.indiana.edu/conner/yoruba

- **Excerpts from Slave Narratives.** University of Houston.
  http://vi.uh.edu/pages/mintz/7.htm
  http://vi.uh.edu/pages/mintz/1.htm

- **Keys to Feminine Empowerment - from the Yoruba West African Tradition.**
  URL: http://www.boiceofwomen.com//omi.html

- **Myths and Legends of the Bantu.** Alice Werner.
  http://www.sacred.texts.com/afr/bantu.htm

- **Sir Francis Drake.**
  http://www.global-travel.co.uk/drake.htm

- **Sir Francis Drake´s Famous Voyage Round The World, 1580.**
  htt://www.fordham.edu/halsall/mod/1580
  Prettydrake.html

- **The African Slave Trade and the Middle Passage.**
  http://www.pbs.org/wgbh/aia/part1/1narr4.html

- **The Fang Tribe.**
  http://www.african-art.com/en/fang-info.htm

Para jugar con el texto

Por: Soledad Córdova

1. ¿Qué sugiere el título del libro? ¿De qué cuento proviene y cómo lo entiendes tú en el contexto del relato?

    Si tú hubieras tenido que ponerle un título al libro, ¿le habrías puesto al que tiene? ¿Por qué sí o por qué no? Ensaya a ponerle otro título.

2. En el relato *El viaje*, la autora dice que el velero estaba "avergonzado por la carga que llevaba". ¿Por qué? Intenta inventar otra imagen semejante, que diga algo parecido.

3. El delfín tiene un significado emotivo e importante en más de uno de los relatos. ¿En cuáles? ¿Qué es lo que este animal representa? ¿Por qué crees que la tradición haya escogido este animal y no otro? Haz una breve descripción poética de los delfines.

4. En el relato *El viaje*, algunos africanos raptados no pueden comunicarse entre sí porque hablan distintos idiomas. Averigua y escribe los nombres de la mayor cantidad de idiomas nativos de África. ¿Alguna vez se habló en Esmeraldas alguna lengua africana? Puedes investigarlo en las facultades de antropología de las universidades, en el internet o en las organizaciones afro-ecuatorianas del Ecuador.

5. Busca en el diccionario la palabra "diáspora". ¿De qué otros pueblos, aparte del pueblo negro africano, podrías decir que han vivido una diáspora?. En el mundo contemporáneo, ¿tú crees que hay pueblos que

hayan tenido que vivir o están viviendo una diáspora?

6. Dibuja con tus compañeros de clase un gran mapa étnico del África en el que figuren las comunidades o pueblos negros que viven allí. También un mapa del Ecuador en el que figuren los principales asentamientos de grupos afro-ecuatorianos. En ambos mapas haz dibujos de elementos de estas culturas (marimba, cocada, etc.).

7. En el primero y el último relato, la autora menciona al "monstruo de la mezquindad humana". ¿Tú crees que aún existe este monstruo?. En el primero, lleva el nombre de *Kamapa*. Inventa para él otro nombre y una pequeña historia de cómo tú lo ves.

8. La cruz africana del *Yowa* se menciona en el cuento *La señal*. Ella vuelve a aparecer en *Como un río tormentoso* ¿Por qué? ¿Qué representa, qué significado tiene?. Haz una ilustración de esta cruz como tú te la imaginas, y dale tus propios significados.

9. En varios cuentos del libro se relatan tradiciones africanas. ¿Qué importancia pueden tener estas tradiciones para los pueblos negros del Ecuador? Habla de alguna tradición ecuatoriana que tiene especial significado para ti.

10. En algunos cuentos, la autora habla del *kilembe*, árbol que representa la vida de quien lo siembra. También hay otro cuento en el que los protagonistas vencen al "amo" usando al árbol de una curiosa manera. ¿Por qué crees que los árboles tienen tanta importancia en la vida de los personajes de estos relatos? Dibuja un árbol al que te pareces, escribe de qué especie es y por qué escogiste esa especie para representarte.

11. En el cuento *La señal* ¿de qué modo podrías com-

172

parar la reacción de los africanos raptados que se tiran al mar con algún pasaje de la historia de tu país o algún otro país. Por ejemplo, en la historia ecuatoriana, la defensa de la ciudad de Quito que hizo Rumiñahui.

12. Copia todas las palabras en lenguas africanas que aparecen en los textos (nombres de personas, de dioses, de pueblos…) Luego, juega a construir unas rimas sin sentido, un trabalenguas, un poema, un pequeño relato o una combinación de textos, empleando estas palabras. ¡Usa tu imaginación!

13. En *Semillas de calabazo*, la diosa *Oya*, Mujer Búfalo, pone varias condiciones a Jefe de Cazadores para aceptar casarse con él. Una de ellas es "debes tratarme con el respeto que merezco por ser mujer y por ser diosa". Ahora, tú vas a suponer que eres Jefe de Cazadores. Escribe un párrafo de lo que estás pensando mientras ella te hace estas exigencias. Luego, en clase, lean las reflexiones de los alumnos y alumnas y analícenlas.

14. Siguiendo el relato de *Las cuatro conchas*, haz un mapa de las rutas de la trata de esclavos. Puedes completarlo recopilando más información.

15. En varios relatos del libro aparecen personajes que son "cimarrones": Alonso de Illescas, Francisco de Arobe, Ambrosio Mondongo. También se nombra a Pedro Luis Mina y Juan José Márquez. Además están presentes en los cuentos muchos otros cimarrones anónimos. Intenta describir a un cimarrón o una cimarrona tal y como tú los imaginas y ponle un nombre. Te pueden servir como ejemplo para la descripción de un personaje, las descripciones que Edna Iturralde hace del pirata Drake y del cimarrón

173

Arobe en *La reina de los piratas.*

16. En el cuento "Raíz de libertad", Martina Carrillo protesta ante el Presidente de la Real Audiencia por los malos tratos que reciben los negros esclavizados. Escribe tú la carta que Martina habría dirigido al Presidente. Investiga qué gobernantes del Ecuador hicieron leyes a favor de los negros y cuándo.

17. Haz una cronología de cuándo se abolió la esclavitud en los diversos países de América. Investiga también sobre la noticia que salió en la prensa mundial en el 2001 sobre el naufragio de un barco que transportaba niños esclavos. ¿Está abolida la esclavitud? Expón tus puntos de vista y haz un graffiti que manifieste tu opinión. Exhiban en una cartelera los graffitis del grado.

18. En conjunto, entre los compañeros y compañeras de la clase, hagan la maqueta de un "palenque", como los que se nombran en algunos cuentos del libro. Pueden representar con muñecos de plastilina la batalla entre ranchadores y cimarrones. Otro grupo puede hacer un "periódico de la época" en el que se dan noticias sobre este suceso.

19. Inventa y escribe otro final para *Como un río torrentoso.*

20. ¿Cuál es tu personaje predilecto entre todos los que aparecen en los catorce cuentos? ¿Por qué? Hazle un retrato y escribe un "pie de foto" explicando quién es y por qué lo prefieres. Luego haz en el aula, con tus compañeras y compañeros una "Galería de personajes".

21. ¿Conoces algún juego tradicional como el "Chivito" del relato *Bellita.* Hagan una investigación en sus casas con familiares y amigos. Luego, en el grado, hagan una lista de los juegos recopilados; indiquen quién es el informante, dónde se practica el juego y cuándo. Finalmente, entre todos y todas, escojan algunos, y practíquenlos en una actividad conjunta en el patio.

22. En parejas, un alumno o alumna prepara una entrevista imaginaria al "Papá Grande", Cristóbal de la Trinidad, del cuento *Bellita*. El otro integrante de la pareja responde a las preguntas tal y como cree que el anciano de la hacienda Carpuela habría respondido. El entrevistador debe preparar las preguntas por anticipado y grabar la entrevista. El entrevistado debe preparar sus repuesta y repasarlas para responder bien en el momento de la grabación.

23. En *Bellita*, la niña intimida al mayordomo con la temida figura del "duende". ¿De qué otros "cucos" has oído hablar? Escribe una pequeña historia sobre uno de estos personajes de la narrativa popular.

24. En *Bellita*, por el día de su cumpleaños la familia celebra un ritual con las "tradicionales corona y rosario de caramelo". ¿Qué otros rituales de diferentes culturas conoces para similares ocasiones (cumpleaños, bautizo, boda, graduación, etc.)? En grupos, hagan una pequeña investigación y luego compartan los resultados con el resto de la clase, a través de una exposición, una dramatización o algún otro medio creativo. Procuren traer información sobre rituales poco conocidos, que resulten una novedad en la clase. Pueden ser rituales antiguos, rituales de diversos grupos étnicos de tu país o rituales de lugares lejanos. ¡Como te parezca más original!

25. Hagan una producción de radio-teatro sobre la historia de *Al redoble de un tambor*. Usen una grabadora y hagan un guión con narrador, diálogos, efectos especiales, voces de ambiente y todo. No se olviden

175

de hacer, al principio o al final, un pequeño comentario sobre el significado de la Batalla de Pichincha en la Independencia del Ecuador.

26. El cuento *Dominga y don Simón* concluye con la respuesta que Simón Bolívar da a la negrita preguntona. Haz que el cuento dure un poco más: que continúen los diálogos y hablen más los tres personajes.

27. En **Dominga y don Simón**, Manuela Sáenz se enfrenta a los conspiradores y los detiene. Haz un pequeño relato de este episodio desde la perspectiva de Manuela. ¿Cómo lo ve? ¿Qué siente? ¿Qué le dicen los atacantes?

28. En *Yo conversé con la Luna*, Hermógenes recita una hermosa décima esmeraldeña. Investiguen otras más (hay libros sobre décimas esmeraldeñas), cópienlas, ilústrenlas, pónganlas en medio de un relato y hagan una cartelera cuyo nombre podría ser "Décimas de tío Hermógenes". Si alguien se atreve, también puede crear una décima propia e incluirla en la cartelera. Para ello, debe investigar bien cuál es la estructura propia de una décima antes de construirla.

29. En el cuento *El camino*, a María Inés se le aparece un extraño personaje que representa uno de los espíritus de la sabiduría del pueblo negro. Compáralo con el personaje que se le aparece a Alonso de Illescas en *Las cuatro conchas*. Haz algunas reflexiones sobre ellos; por ejemplo, ¿son el mismo?, ¿qué buscan?

30. En *El sueño*, Edna Iturralde cita la carta del apóstol Pedro que concluye con la frase: "si no tengo amor, nada soy". Explica el significado de la carta en el contexto de este relato y del libro, en general.

31. Escribe una carta a Fernando Quiñónez de *El sueño*, y exprésale tus sentimientos hacia él, en reconocimiento por su acto heroico. Cuéntale cómo habrías reaccionado tú en las mismas circunstancias.

32. ¿Cómo puedes ayudar tú a vencer el monstruo de la intolerancia y el egoísmo? Haz una pequeña promesa personal.

33. En grupos, todos los integrantes de la clase, creen una "Campaña de Publicidad del libro". Debe haber un documento sobre los elementos de la campaña: programa, calendario y todas las de la ley. Algunas ideas:

- Hagan afiches de promoción del libro, que luego pegarán en distintos sitios del colegio,

- Elaboren unas hojas con la transcripción de alguna parte muy interesante de los textos, que sirva como "anzuelo para atrapar lectores"... dejen inconcluso el relato y pongan al final del texto una frase para invitar a leer el cuento (peguen las hojas en diversos lugares del colegio).

- Hagan una "contada" de uno de los cuentos e inviten a compañeros de otros grados.

- Hagan un periódico mural con diversos elementos sobre el libro:

  - Ilustraciones de algunos cuentos.

  - Comentarios sobre algunos cuentos,

  - Entrevista a la autora del libro. Preparen un cuestionario y envíenlo por e-mail o correo. Publiquen la entrevista. No se olviden de poner fotos.

- Inviten a la autora a un encuentro con sus lectores y háganle conocer la campaña.

Este libro publicado por Editorial Santillana, bajo el sello Alfaguara, se terminó de imprimir el mes de mayo de 2006, en Imprenta La Union, en la ciudad de Quito - Ecuador